Erwin Huber

Selbst
Gartenhäuser, Lauben und Pavillons bauen

Compact Verlag

© 1992 Compact Verlag München
Nachdruck, auch auszugsweise,
nur mit ausdrücklicher Genehmigung
des Verlages gestattet.
Alle Anleitungen wurden
sorgfältig erprobt — eine
Haftung kann dennoch
nicht übernommen werden.
Redaktion und Layout: Thomas Dietrich
Umschlaggestaltung: Inga Koch
Printed in Germany
ISBN 3-8174-2243-1
2222431

Vorwort

Ein Wort zuvor

Selbermachen — ein Hobby, das heute für Millionen zur sinnvollen Freizeitbeschäftigung geworden ist. Ob es sich nun um die gemietete Altbauwohnung oder um die eigenen vier Wände handelt, mit etwas Geschick und einer fachmännischen Anleitung lassen sich oft verblüffende Ergebnisse erzielen: bei kleineren Reparaturen, beim Renovieren und Verschönern und beim Um- und Ausbauen.
Und Selbermachen bringt Spaß. Freude an der eigenen Arbeit, deren Ergebnis man Tag für Tag sehen und »bewundern« kann; es spart Geld, mit dem sich langgehegte Wünsche erfüllen lassen, und es macht unabhängig von Handwerkern, auf die man womöglich wochenlang und schließlich vergeblich gewartet hat.
Fachgeschäfte, Heimwerker- und Baumärkte versorgen den Hobby-Handwerker mit allen Werkzeugen und Materialien, die er braucht. Doch richtiges Werkzeug und Begeisterung allein reichen nicht aus. Unerläßlich sind eine gründliche Vorbereitung und Fachkenntnisse,
wie eine Arbeit durchzuführen und was dabei zu beachten ist. COMPACT PRAXIS **Selbst Gartenhäuser, Lauben und Pavillons bauen** zeigt, wie man's macht. Mit wertvollen Tips und Tricks, die sich in der Praxis tausendfach bewährt haben. Jeder Arbeitsgang wird ausführlich Schritt für Schritt gezeigt und in Bild und Text erläutert. Übersichtliche Symbole zeigen auf einen Blick, mit welchem Schwierigkeitsgrad, welchem Kraft- und Zeitaufwand Sie bei jedem Arbeitsgang rechnen müssen, welche Werkzeuge Sie brauchen und wieviel Geld Sie durch Ihre eigene Arbeit einsparen können.

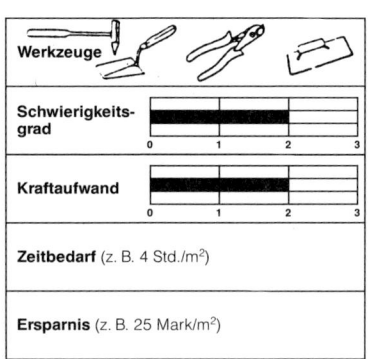

Und so stufen Sie sich richtig ein:

Schwierigkeitsgrad 1 — Arbeiten, die auch der Ungeübte ausführen kann. Es ist nur geringes handwerkliches Geschick erforderlich.

Schwierigkeitsgrad 2 — Arbeiten, die einige Übung im Umgang mit Werkzeug und Material erfordern. Es ist handwerklich durchschnittliches Geschick notwendig.

Schwierigkeitsgrad 3 — Arbeiten, die fachmännische Übung erfordern. Überdurchschnittliches Geschick ist erforderlich.

Kraftaufwand 1 — leichte Arbeit, die jeder bequem erledigen kann.

Kraftaufwand 2 — Arbeiten, die eine gewisse körperliche Kraft voraussetzen.

Kraftaufwand 3 — Arbeiten für kräftige Heimwerker, die keine »Knochenarbeit« scheuen.

Inhaltsverzeichnis

Inhalt

Warum selbst bauen	6
Was sagt die Bauordnung	8

Materialkunde

Beton und Mörtel	15
Beton-Bedarfstabelle	18
Materialbedarf und Arbeitszeit	19
Verschiedene Steine	20
Holz für den Außenbereich	24
Holzschutz im Außenbereich	28

Werkzeugkunde

Die wichtigsten Werkzeuge	30

Grundkurse

Versorgungsleitungen: Kabel verlegen	32
Wasserleitung verlegen	34
Beton und Mörtel – mischen von Hand und mit der Maschine	36
Fundamente herstellen	40
So wird gemauert	45

Inhaltsverzeichnis

Der rechte Winkel	50	**Arbeitsanleitungen**	
Häuser aus Holz und Beton	52	Überdachten Freisitz komplett selbst	
Häuser aus Metall	56	bauen	74
Pavillons aus Metall	57	Ein einfacher Pavillon	78
Pavillons aus Holz	58	Offener Pavillon mit Dachplane	82
Holzbearbeitung	60	Achteckiger Pavillon	85
Gut bedacht	62	Kleines einfaches Gartenhaus	88
Abdichten und eindecken	64	Blockbohlenhaus	94
Dachbegrünung	68	Gartenhaus mit Terrasse	101
Wandbegrünung	70	Ein großes Blockhaus	112
		Rundum Natur	117

Sparen durch Eigenleistung

Warum selbst bauen

Haus, Boden und Rankgerüste als Bausatz

Wer seinen Garten plant, bepflanzt und nutzt, wird bestimmt auch die meisten weiteren anfallenden Arbeiten selbst erledigen wollen. Selbstbau ist eine sinnvolle und ausgleichende Tätigkeit, bei der sich auch Erfolgserlebnisse einstellen. Mit entsprechenden Anleitungen lassen sich alle anfallenden Arbeiten im Garten fachgerecht erledigen. **Fundamente** für Zäune, Windschutz, Wäschepfosten, Leuchte, Pergola oder das Gartenhaus sind nur ein Anfang. Dazu kommen **Erdarbeiten** wie das Verlegen von Leitungen, das Anlegen eines Teiches oder der Bau eines Grillplatzes oder einer Feuerstelle. Die meisten **Holzarbeiten** lassen sich auch selbst ausführen: Sichtschutzwände, Rankgewächse, Bänke und als Meisterstück ein Gartenhaus. Kleine **Maurerarbeiten**, die hier-

Sparen durch Eigenleistung

bei anfallen, können auch selbst gemacht werden. Bei all diesen Tätigkeiten können der Aufwand, die Ausstattung, die Kosten und der Schwierigkeitsgrad selbst bestimmt werden. Da die Industrie neben ausgezeichneten Endprodukten auch viele Halbfertigprodukte anbietet, die man selbst oft nicht so günstig herstellen kann, sollte man informiert sein, was so alles auf dem Markt ist. Manchmal ist es zweckmäßig, wenn man sich auf die Vorarbeiten und die Montage beschränkt. Im Haus und im Garten gibt es für den Selbermacher immer genug zu tun. Schon aus diesem Grund sollte man die Angebote der Industrie für fertige bzw. halbfertige Produkte im Auge behalten und gegebenenfalls für seine Belange einsetzen. Hierdurch können Sie viel Zeit, und meist auch Kosten sparen.

Rechtliche Voraussetzungen

Was sagt die Bauordnung

Große Gartenhäuser brauchen eine Genehmigung

Vorbemerkungen zu den Bauvorschriften
Innerhalb seiner Grundstücksgrenzen darf man noch lange nicht machen, was man gerne möchte. Wenn auch die **Baubehörden** kaum etwas unternehmen, weil sie von den inzwischen durchgeführten Baumaßnahmen gar nichts wissen, so sollte man doch über die wichtigsten Vorschriften informiert sein. Sie regeln das nachbarschaftliche Miteinander und sind weniger einengend, als sie auf den ersten Blick wirken. Schließlich regeln sie nicht nur die eigene Bebauung, sondern auch die des Nachbarn. Wer hätte es schon gern, wenn der eigene Garten von beiden Seiten von Mauern, Anbauten oder Gartenhäusern regelrecht erdrückt würde. Die Bauvorschrift gilt auch für übermächtige Bäume oder dichte Hecken, die zu nah an der Grenze stehen.

Tips
Hat man die Absicht, ein Gartenhaus, einen Wintergarten oder sonstige bauliche Anlagen zu errichten, sollte man wissen, was **bauliche Anlagen im Sinne des Gesetzes** und der Bestimmungen

Rechtliche Voraussetzungen

sind. Diese sind für den Laien nicht immer leicht verständlich und bedürfen genaueren Erklärungen.
Dazu sollen hier einige Bemerkungen aus der Bauordnung angeführt werden, die, von einigen Details abgesehen, in allen Bundesländern gleich sind. Bauliche Anlagen sind mit dem Erdboden verbundene, aus Baustoffen oder Bauteilen hergestellte Anlagen. Eine Verbindung mit dem Erdboden besteht auch dann, wenn die Anlage durch eigene Schwere auf dem Erdboden ruht oder auf eigenen Bahnen begrenzt beweglich ist oder wenn die Anlage nach ihrem Verwendungszweck dazu bestimmt ist, überwiegend ortsfest benutzt zu werden. Als bauliche Anlagen gelten auch Aufschüttungen und Abgrabungen sowie Stellplätze (ohne jeden Aufbau) für Kraftfahrzeuge. Gebäude sind selbständig benutzte Anlagen, die überdacht sind, die von Menschen betreten werden können oder bestimmt sind, dem Schutz von Menschen, Tieren oder Sachen zu dienen. Aufenthaltsräume sind Gebäudeteile, die nicht nur zum vorübergehenden Aufenthalt von Menschen geeignet oder bestimmt sind. Für das Gartenhaus sind die wichtigsten Punkte hier

Grenznahe Bebauung mit dem Nachbarn absprechen

Rechtliche Voraussetzungen

wiedergegeben. Dabei sind manche Bestimmungen so eigenartig formuliert, daß sie durchaus unterschiedlich ausgelegt werden können. Hinzu kommen noch Kommentare, Ergänzungen und Ausführungen, die örtlich unterschiedlich ausfallen können. Bei speziellen Fragen kommt man ohne einen Fachmann, z. B. einen ortskundigen Architekten oder einen Fachanwalt kaum aus. Zu beachten sind in diesem Zusammenhang auch die **Bebauungspläne**, die sogar innerhalb eines Ortsteils verschiedene Beschränkungen bezüglich der Überbauung aufweisen können.

Genehmigungsfreie Bebauungen

Bis zu einem **Rauminhalt von 30 m³** können Gartenhäuser **ohne Genehmigung** gebaut werden. Das ist eine Größe, bis zu der baulichen Anlage – also nicht nur Gartenhäuser – ohne besondere Auflagen errichtet oder geändert werden dürfen. Das sind schon ganz beachtliche Abmessungen, mit denen man etwas anfangen kann. Trotzdem gelten auch in diesem Fall immer noch Bestimmungen von Vorschriften. Oftmals sind es Einschränkungen in der Form, daß z. B. Grenzabstände weiterhin eingehalten werden müssen.

Kleines, genehmigungsfreies Haus

Rechtliche Voraussetzungen

Gartensauna

Bemerkungen zur Größe

Gartenhäuser und Pavillons, die den Rauminhalt von 30 m³ nicht überschreiten, haben in der Regel eine **Grundfläche von etwa 12 m², wenn die Raumhöhe ca. 2,50 m** beträgt. So ist sehr schnell der maximale Rauminhalt erreicht. Die Grundlfäche von 12 m² resultiert meist aus einem Grundriß von 3 × 4 m. Mißt der Boden bereits 3,5 × 3,5 m, geht dies zwangsläufig auf Kosten der Raumhöhe, wenn man die Grenzwerte für den Rauminhalt einhalten will. Achten Sie daher beim Kauf auf diese Abmessungen. Den Herstellern ist dies natürlich auch bekannt, und sie weisen ebenfalls auf diese Tatsachen hin. Viele Modelle sind entsprechend konzipiert. Viele Gartenbesitzer wollen auch gar keinen großen umschlossenen Raum, sondern eher eine **große regensichere Überdachung** schaffen. Nicht umsonst werden viele Häuser mit weit vorstehenden Dächern ausgestattet. Das gilt besonders für den Bereich vor dem Haus, wo in der Regel dann auch ein Sitzplatz angelegt werden soll. In Verbindung mit Pergolen lassen sich hier **überdachte Terrassen** schaffen. Die durch geeignete Bepflanzung schnell zuwachsen und so einen fast geschlossenen Raum bilden.

Rechtliche Voraussetzungen

Gartenhaus als Wohnraum – nur mit Genehmigung!

Noch eine Einschränkung
Beim genehmigungsfreien Gartenhaus ist nicht nur der Rauminhalt begrenzt. Hinzu kommt die Bestimmung, daß **keine Aufenthaltsräume** geschaffen werden dürfen. Darunter ist zu verstehen, daß solche Räume nicht permanent als Wohnraum genutzt werden sollen. So soll vor allem unterbunden werden, daß komplette Wohnungen entstehen.

Das Amt gibt Auskunft
Die öffentlichen Bauämter sind verpflichtet, dem Bauherrn alle erforderlichen rechtlichen Auskünfte über sein Bauvorhaben zu erteilen. Ratsuchende brauchen dafür selbstverständlich keine Gebühren zu zahlen. Das Ergebnis eines solchen Beratungsgesprächs hängt weitgehend davon ab, welche Unterlagen man vorlegen kann, damit sich der Sachbearbeiter ein Bild über die Situation machen kann.

Rechtliche Voraussetzungen

Hier ist er auf alle denkbaren Informationen angewiesen. Wichtig ist der **Lageplan**. Anhand der dort vermerkten Zahlen wird der **amtliche Bebauungsplan** eingesehen. Er ist meist auch auf aktuellem Stand. Außerdem findet man dort Vermerke, was im einzelnen erlaubt ist. Im Lageplan zeichnet man die Umrisse seines Bauvorhabens ein. Noch besser ist ein **Bauplan des Hauses**, der in einem ansprechend großen Maßstab gezeichnet ist. Zeichnungen des geplanten Gartenhauses geben genauere Auskünfte über alle Abmessungen. Dies sind die Hilfsmittel, um seine Wünsche und Vorstellungen zu verdeutlichen. Über **einzuhaltende Grenzabstände** und sonstige Auflagen läßt man sich informieren. Unter Umständen legt man gleich schon eine **Einverständniserklärung des Nachbarn** vor. Hat man sich soweit bei Amt und Nachbarn abgesichert, steht dem Baubeginn nichts mehr

Rechtliche Voraussetzungen

im Wege. Auch wenn Sie keine formelle Genehmigung brauchen, sollten Sie das Projekt der Baubehörde trotzdem zur Dokumentation melden.

Bauantrag für große Häuser
Für größere Gartenhäuser sind Bauanträge, wie sie für ein Wohnhaus erstellt werden, erforderlich.

Fast alle Firmen bieten für die von ihnen vertriebenen Haustypen als Serviceleistung Baubeschreibungen, Zeichnungen, eine Statik und weitere informative Arbeitsunterlagen an. Die Kosten sind bereits in den Kaufpreis einkalkuliert. In allen Fällen muß man den Bauantrag mit allen erforderlichen Unterlagen entweder selbst oder durch einen Architekten einreichen. Den Kauf eines Bausatzes sollte man daher auch von der Genehmigung abhängig machen. Eine entsprechende Klausel sollte in jedem Kaufvertrag stehen.

Materialkunde: Beton und Mörtel

Beton und Mörtel

Beton und Mörtel bestehen aus **Zement** und **Zuschlagstoffen**, das sind **Kies** in verschiedenen Körnungen, **Sand** und **Wasser**.

Zement

Zement läßt sich im Baustoffhandel leicht beschaffen. In Bau- und Heimwerkermärkten werden Sie sicher auch fündig, doch bietet man dort lieber gleich eine Fertigmischung an, statt Kies und Sand einzeln ins Sortiment aufzunehmen. Zement wird in stabilen Papiersäcken mit einem Gewicht von 50 kg angeboten. Diese Menge kann gerade noch getragen werden. Fertigmischungen und Putze findet man auch in Gebinden ab 25 kg. Bei der Auswahl muß auch die **Festigkeitsklasse** beachtet werden. Sie ist an den unterschiedlichen Farbaufdrucken zu erkennen. Man unterscheidet:

Z 25 Violett
Z 35 Hellbraun
Z 45 Hellgrün
Z 55 Rot

Hin kommen Zusatzbestimmungen wie »L« für langhärtend und »F« für frühhärtend. Es gibt auch darüber hinaus noch weitere Arten, die für diese Zwecke aber kaum eine Rolle spielen. Für einfache, wenig belastete Bauvorhaben wird meistens der Zement Z 35 F verwendet.

Fertigmischungen im Handel

Materialkunde: Beton und Mörtel

Mörtel mischen...

...oder fertig kaufen

Sand und Kies

Sand und Kies sind leichter zu bekommen, wenn man gleich einige Kubikmeter bestellt. Selbst innerhalb eines Ortes können sehr große Preisunterschiede bestehen, deshalb sollten vorher unbedingt mehrere Angebote eingeholt werden. Wenn der Verwendungszweck angegeben wird, liefert der Baustoffhändler automatisch die richtige Körnung von Sand und Kies.

Beim Einkaufen von Zement und Zuschlagstoffen sollte man auch das **Schalholz**, bestehend aus Schaltafeln, Kanthölzern, Brettern und Dachlatten mit anliefern lassen. Gebrauchtes Schalholz ist natürlich wesentlich billiger.

Wasser

Grundsätzlich soll nur **sauberes Wasser** zum Anmachen von Beton verwendet werden. Zum Abbinden brauchen Zement und Zusatzstoffe nur wenig Wasser. Zuviel Flüssigkeit verschlechtert die Qualität des Betons.

Die Betongüte wird in mehrere Stufen von B 5 bis B 55 eingeteilt; die Bezeichnungen beziehen sich auf die **Druckfestigkeit**. Für die hier geplanten Bauten ist der un-

Materialkunde: Beton und Mörtel

Punktfundament für einen Pfahl

tere Bereich der Güteklassen ausreichend, der allemal erreicht wird. Obwohl Beton schon nach einem Tag bearbeitet werden kann, d. h. auf ihm kann gemauert werden, erlangt er seine volle Härte und Festigkeit erst nach 28 Tagen. Je besser der frische Beton im Fundament gestampft und verdichtet wird, desto fester wird er später auch. **Entscheidend für die Betongüte ist immer das Mischungsverhältnis**. Für Mörtel wird ein höherer Zementanteil benötigt als für Beton mit seinem hohen Anteil an Kieseln. Oft sind die Mischungsverhältnisse auf den Säcken angegeben.

Sand, Kies oder Betonmengen werden in **Kubikmetern** (cbm oder m^3) angegeben. Für ein Fundament von 5,00 Meter Länge, 0,50 Meter Breite und 0,80 Meter Tiefe werden genau 2 m^3 Beton benötigt. Da der Beton nach dem Stampfen etwas schrumpft, wird mehr Trockenmasse benötigt. Man sollte daher 10 bis 20 Prozent mehr kalkulieren.

Übrigens: Auch bei trockener Lagerung verliert das Material seine Bindefähigkeit, weshalb man immer nur soviel Zement kaufen sollte, wie verarbeitet wird.

Materialbedarf

Beton-Bedarfstabelle

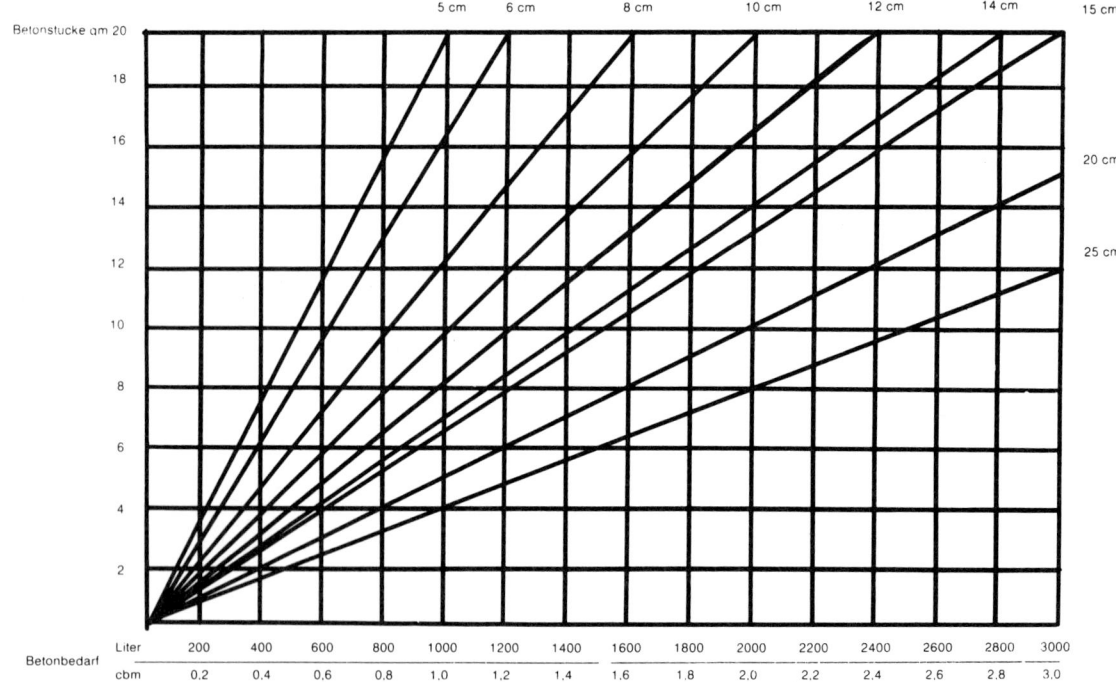

Am linken Tabellenrand wird das **Flächenmaß** der zu betonierenden Fläche abgelesen. Fahren Sie dann auf der entsprechenden Linie nach rechts, bis Sie auf die Verbindungslinie zwischen Nullpunkt und gewünschter Betonstärke treffen. Senkrecht unter diesem Schnittpunkt finden Sie die benötigte Betonmenge in Litern und Kubikmetern angegeben.

Wenn Sie Flächen betonieren wollen, deren Maße entweder zwischen oder über den hier angegebenen Werten liegen, so rechnen Sie einfach die erforderliche Menge in Teilstücken aus. Bei nicht angegebenen Betonstärken verfahren Sie ebenso: Addieren oder subtrahieren Sie entweder die jeweiligen Teilbedarfsmengen. Oder aber zeichnen Sie sich selbst eine Verbindungslinie zwischen Nullpunkt und gewünschter Betonstärke ein, an der Sie den erforderlichen Bedarf ablesen können.

Materialbedarf

Materialverbrauch und Arbeitszeit

Eine Kernfrage für alle Heimwerker ist die nach dem voraussichtlichen **Materialbedarf** sowie der zu erwartenden **Arbeitszeit**, damit sowohl gleich richtig eingekauft und gut geplant werden kann. Die beiden nachstehenden Tabellen nennen Ihnen diese Angaben für zwei häufig verwendete Ziegel. Weitere Tabellen dieser Art erhalten Sie auf Anfrage bei Ihrem Baustoffhändler.

1

2

Wanddicke	11^5	17^5	24	30	36^5	[cm]
Format	GDF	9 DF	12 DF	10 DF	12 DF	[Dünnformat]
Maße Länge	365	372	372	247	247	[mm]
Breite	115	175	240	300	365	[mm]
Höhe	238	238	238	238	238	[mm]
Ziegel pro m²	11	11	11	16	16	[Stück]
Mörtel pro m²	8—11	13—15	18—22	28—32	30—36	[Liter]
Verarbeitungszeit pro m²	0,35—0,45	0,5—0,6	0,6—0,7	0,7—0,8	0,8—0,9	[Stunden]

Materialbedarf bei mörtelfreier Stoßfugenverzahnung (Abb. 1)

Wanddicke	11^5	14^5	17^5	24	30	36^5	49	[cm]
Format	6 DF	7,5 DF	7,5 DF	12 DF	10 DF	12 DF	16 DF	[Dünnformat]
Maße Länge	365	365	300	372	247	247	247	[mm]
Breite	115	145	175	240	300	365	490	[mm]
Höhe	238	238	238	238	238	238	238	[mm]
Ziegel pro m²	11	11	13	11	16	16	16	[Stück]
Mörtel pro m²	13—17	16—19	18—22	23—27	38—42	43—47	55—65	[Liter]
Verarbeitungszeit pro m²	0,45—0,50	0,55—0,60	0,60—0,65	0,75—0,80	0,95—1,05	1,10—1,30	1,10—1,20	[Stunden]

Materialbedarf bei vermörtelten Stoßfugen und Mörteltaschen (Abb. 2)

Materialkunde: Steine

Verschiedene Steine

Hochlochziegel

Schallschutzziegel

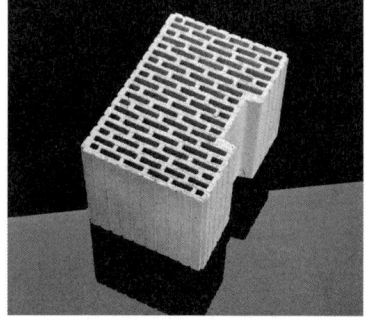
Wärmedämmziegel

Hohlblockstein aus Bimsbeton

... mit Fugenverzahnung

Bimsbeton

Tonziegel
Diese Steine finden heute fast nur noch in veredelter Form bei dekorativem Mauerwerk Anwendung. Die Rohlinge werden bei etwa 1000 °C gebrannt, wodurch große Maßunterschiede entstehen können. Handelsüblich sind hier **Dünn- und Normalformat**.

Wärmedämmziegel
Der Unterschied zwischen dem oben beschriebenen Vollziegel und einem Hochlochziegel liegt vor allem in der erhöhten Wärmedämmung. Der Tonmasse werden vor dem Brennvorgang Stoffe beigefügt, die im Ofen ausbrennen und so millionenfache **Poren** entstehen lassen. Durch die eingeschlossene Luft wird die Wärmedämmung verbessert und das Gewicht des Ziegels verringert. Sie sind als groß- und kleinformatige Ziegel lieferbar.

Bimsbetonsteine
Für die Herstellung wird Bims, ein Grundstoff vulkanischen Ursprungs, mit Zement und Wasser gemischt, geformt und an der Luft getrocknet. Die Luftkammern in den Hohlblocksteinen erhöhen die gute Wärmedämmeigenschaft von Bims und verringern das Gewicht. Die Steine müssen nach dem Mau-

Materialkunde: Steine

Kalksandstein

ern verputzt werden, innen sollte zumindest ein Schutzanstrich eingelassen werden, da die **poröse Oberfläche** nicht verfestigt ist und leicht ausbricht. Es gibt sehr zahlreiche Steinformen im Handel.

Blähtonsteine
Sie zählen wie der Bimsbetonstein zu den **Leichtbetonarten**. Das Ausgangsmaterial, unter Hitze aufgeblähte Tonkügelchen, läßt diese Steine recht leicht werden, was keinesfalls die hohe Isolierwirkung beeinträchtigt. Es handelt sich meist um kleine granulierte Tonkügelchen, die mit künstlichen Zusätzen bei 1200 °C gebrannt werden. Dabei entstehen feinporige, leichte Tonperlen. Sie werden anschließend mit Zement als Bindemittel in vielfältige Formate gebracht.

Kalksandsteine
Sie werden aus **Kalk** (gemahlener, gebrannter Feinkalk, der im Produktionsablauf gelöscht wird) und aus **kieselsäurehaltigen Zuschlägen** unter Zumischung von **Wasser** hergestellt. Nach dem Formen härtet Heißdampf die Steine unter hohem Druck aus. Der Stein bleibt so scharfkantig und maßgenau. Es gibt ihn in etwa 30 verschiedenen Formaten. Er eignet sich für alle Mauerwerksarten. Großformatige Steine erleichtern das schnelle Aufmauern größerer Objekte.

Hohlblockstein
Ihre »Erfindung« beruht auf der Erkenntnis, daß die Tragfähigkeit einer Wand meist nur zum Bruchteil in Anspruch genommen wird. Beim Großraumstein wird deshalb einfach der Steinquerschnitt auf die erforderliche Festigkeit reduziert. Der bekannteste Großformatstein dürfte der Hohlblockstein sein, der nach dem Krieg vorwiegend aus Ziegelsplitbeton gefertigt wurde. Heute entsteht er aus Leichtbeton mit Bims als Zuschlagstoff. Er gilt wegen seines Gewichts von bis zu 29 kg zu den »Zweihandsteinen«. Wenn Sie Vorräte einlagern, sollten Sie diese vor Nässe schützen, denn sonst werden sie

Materialkunde: Steine

noch erheblich schwerer. Die Hohlkammern sind fünfseitig geschlossen.

Porenbetonsteine
Die Grundstoffe sind zumeist **Feinsande** oder ähnlich feinkörnige Zuschlagstoffe, die mit **Zement** und **Kalk** als Bindemittel, gasbildenden Zusätzen und Wasser zu großporigen Steinen aufgeschäumt werden. Nachdem das Material abgebunden hat, schneidet man aus den riesigen Rohblöcken die unterschiedlichsten Kleinformate. Das Endprodukt ist ein Stein, der **bis zu 70% seines Volumens aus Poren besteht**. Dadurch ist das Material sehr leicht, hat hohe Dämmwerte und kann besonders gut verarbeitet werden, da sich der Werkstoff sogar sägen läßt. Die Steine werden »knirsch« verlegt, und das Verbindungsmittel ist kein Mörtel mehr, sondern ein **spezieller Baukleber**, den man mit einer gezahnten Kelle genauso wie Fliesenkleber aufträgt.

Steinart	Bedarf je qm für eine 24 cm dicke Wand	Gewicht in kg	Verarbeitungshinweis
Tonziegel	48 NF	ca. 150 kg	hoher Aufwand
Leichtziegel	32 2DF	ca. 90 kg	hoher Aufwand
Kalksandsteine	32 2DF	ca. 170 kg	mittlerer Aufwand
Bimsbetonsteine	8 Hbl	ca. 200 kg	mäßiger Aufwand
Blähtonsteine	8 Hbl	ca. 160 kg	mäßiger Aufwand
Holzspanbetonsteine	8 Steine	ca. 78 kg	ohne Aufwand
Gasbetonsteine	8 Blöcke	ca. 160 kg	geringer Aufwand

Porenbeton

Materialkunde: Steine

Materialkunde: Holz

Holz für den Außenbereich

Holz gehört zu den Standardmaterialien des Heimwerkers. Es ist ein **natürlicher und lebendiger Baustoff**, der vielfältig einsetzbar ist. Bevor Sie jedoch mit der Holzverarbeitung beginnen, sollten Sie über diesen Werkstoff, seine Eigenschaften und Verarbeitungsmöglichkeiten etwas genauer Bescheid wissen. Hierdurch verhindern Sie wirksam, daß es zu gravierenden Bauschäden kommt, die auf Verarbeitungsfehler zurückzuführen sind. An der handwerklich gut gelungenen Arbeit würde Ihnen dann schnell die Freude verleidet werden.

Für den Bau von Gartenhäusern, Lauben oder Pavillons soll weitgehend auf Tropenhölzer und andere Exoten verzichtet werden. Im Außenbereich haben sich europäische und nordamerikanische Hölzer bewährt, die auch wesentlich leichter erhältlich und meistens preisgünstiger sind. Diese Hölzer haben ein von Natur aus schönes Aussehen und können durch sorgfältige und umsichtige Oberflächenbehandlung noch erheblich aufgewertet werden. Daß Holz Luftfeuchtigkeit aufnimmt, speichert und die eingelagerte Feuchtigkeit bei trockener Luft wieder an die Umgebung abgibt, dürfte hinläng-

Holzhäuser mit Freisitz

Materialkunde: Holz

Verglaster Pavillon mit Reetdach

lich bekannt sein. Bei feuchter Witterung weiten sich die Zellen durch die Aufnahme von Feuchtigkeit aus, und sie ziehen sich wieder zusammen, wenn das Holz trocknet. Dabei verändert sich ständig die Form des Holzes – **es arbeitet**. Der Fachmann nennt diese Formveränderung Quellen und Schwinden.

Hierdurch kommt es natürlich auch zu Veränderungen der äußeren Form. Besonders brisant ist diese Eigenschaft, wenn mehrere Holzteile miteinander verbunden sind, da sich natürlich nicht jedes Holzteil genau wie das andere verhält. Werfen, Verziehen und Rissebildung sind die Folgen, die aber nicht nur bei Holzverbindungen, sondern auch beim einzelnen Werkstück auftreten. **Frisches Holz hat einen Feuchtigkeitsgehalt von ca. 60%. Bis es zur Verarbeitung kommt, sollte die Feuchte durch Trocknung auf 15 bis 18% zurückgegangen sein.** Das Holz, das Sie im Baumarkt oder beim Holzhändler roh oder bereits als fertigen Bausatz kaufen, ist meistens schon auf dieses Niveau abgetrocknet. Wenn das Holz feuchter ist, läßt es sich wesentlich schwerer verarbeiten; außerdem ist sein Gewicht durch das einge-

Materialkunde: Holz

Palisaden und Sichtschutz

lagerte Wasser viel größer. Bis auf eine Holzfeuchte von 8 % wird Holz künstlich getrocknet, wenn es für die Verwendung im Innenausbau bestimmt ist. Das Schwinden des Holzes sollten Sie immer mit einplanen. In Richtung der Jahresringe ist dieser Schwund am geringsten. Ansonsten muß man zum Teil mit einem erheblichen **Schwund von bis zu 10 %** rechnen! Hierdurch ist zu ersehen, wie wichtig es ist, auf gut lufttrockene Ware beim Kauf zu achten. Ungleichmäßige Holztrocknung führt sehr leicht zu Rissen durch die großen Spannungen, die hierbei im Material entstehen.

Weitere Holzeigenschaften
Von den eingelagerten **Farb- und Gerbstoffen** ist die Farbe des Holzes abhängig. Im Außenbereich müssen Sie mit der Zeit allerdings mit erheblichen **Farbveränderungen** des Materials rechnen. Zum einen ist ein **Nachdunkeln** völlig natürlich, zum anderen wirken sich Umwelteinflüsse stark auf das äußere Erscheinungsbild vom Holz aus. Beim Holzkauf sollten Sie auf eine **gleichmäßige, frische Farbe** achten, denn dies ist ein Zeichen für ein gesundes Material. Von Schädlingen oder Krankheiten befallenes Holz weist manchmal blaue, rotbraune oder weiße Verfärbungen auf. Auch die **Maserung** des Holzes gibt Auskunft über das Material. Feste braungefärbte Äste stören gar nicht. Lärchenholz zum Beispiel ist sehr reich an Ästen. Schwarz gefärbte oder locker sitzende Äste und Astlöcher sehen hingegen nicht gut aus.

Wenn die **Jahresringe** sehr eng liegen, ist dies ein Zeichen dafür, daß der Baum nur langsam gewachsen ist. Er stand sicherlich auf einem mageren Boden oder

Materialkunde: Holz

an einem schattigen Berghang. Das Holz ist viel fester und arbeitet auch längst nicht so stark. Holz mit weit auseinander liegenden Jahresringen ist sehr schnell gewachsen und hat dementsprechend weniger günstige Eigenschaften.

Die verschiedenen Holzarten haben ihre ganz eigenen Gerüche. Beim Einkauf kann das in der Holzhandlung leicht festgestellt werden. Vorwiegend verdunsten hier die Harze. Stark riecht heimisches Kiefernholz, dagegen haben Tanne und Fichte weniger intensive Geruchsstoffe und sind übrigens auch leichter. Am Geruch läßt sich sogar erkennen, ob das Holz gesund ist: Ein muffig riechendes Material sollte unbedingt gemieden werden.

Die Beständigkeit und Haltbarkeit hängt neben einem sorgfältig durchgeführten Holzschutz auch von der Verarbeitung ab.

Holzbauwerke halten länger, wenn sie in einem trockenen Luftzug stehen. Standorte, an denen mit viel Feuchtigkeit zu rechnen ist, sollten gemieden oder aber gründlich trockengelegt werden. Holz wird von Feuchtigkeit auf Dauer zerstört.

Deshalb darf man einen Holzpfosten auch nicht direkt ins Erdreich eingraben oder einbetonieren. Da das Erdreich immer etwas feucht ist, nimmt das Holz hier die Feuchtigkeit auf. Es entsteht ein Grenzbereich zwischen feuchtem und trockenem Holz. Jeder noch so gut imprägnierte Holzpfosten wird an dieser Stelle irgendwann morsch und bricht ab.

Bodenbeläge

Materialkunde: Holzschutz

Holzschutz im Außenbereich

Gleichgültig, welches heimische Holz Sie auch verwenden wollen: Das Wichtigste ist, daß das Holz im Außenbereich vor **Pilzen** und **tierischen Schädlingen** geschützt wird. Doch diese Gefahr ist nicht so groß, wie sie manchmal dargestellt wird. Das gilt genauso für Witterungsschäden. Frisches, **druckimprägniertes Holz** ist meist robust genug. Die Imprägnierung ist oft wirkungsvoller als viele Anstriche, die kaum ins Holz eindringen können. Der werkseitige Schutz hält erst einmal einige Jahre, bevor es durch einen Schutzanstrich aufgefrischt werden muß. Ganz ohne Chemie kommt man heute nicht aus, wenn es um den reinen Holzschutz geht. Auch die natürlichen Holzschutzmittel sind nicht ganz unproblematisch. Wenn sie wirklich ihren Zweck erfüllen sollen, kommen auch diese ohne Salze und Gifte nicht aus. Viel besser ist es, wenn alle Bauvorhaben so konstruiert und ausgeführt werden, daß ein Holzschutz fast überflüssig wird. Das Stichwort ist hier »**Konstruktiver Holzschutz**«. Auch wenn dafür zusätzliche Maßnahmen erforderlich sind, ist der Aufwand auch in bezug auf die anfallenden Kosten im Vergleich zu den Preisen für Schutzanstriche unbedeutend. Wenn dadurch aber weniger Schutzmittel gestrichen werden müssen, läßt sich dies sicher als ein Beitrag für den Umweltschutz einstufen. **Beispiel**: Freiliegende Kopfenden von Pfosten und Stützen werden mit schmalen Brettchen abgedeckt, so daß Wasser von diesem Bereich weggeleitet wird und kaum noch in diese empfindlichen Flächen eindringen und das Holz auslaugen oder gar zerstören kann. Bei Zaunanlagen aus senkrecht angeordneten Brettern wird als oberer Abschluß eine ausgefräste Leiste befestigt, damit kein Niederschlag mehr ungehindert in die besonders gefährdeten Stirnseiten eindringen kann. Es würde hier zu weit führen, wie die Schutzmög-

Red Cedar – braucht fast keinen Wetterschutz

Materialkunde: Holzschutz

lichkeiten in vielen Einzelfällen noch aussehen könnten. Von einem Anstrich wird meistens auch ein deutliches Auffrischen der Holzfarbe erwartet und deshalb nicht selten Öle, Fette oder Farben in reichlichem Maß aufgetragen. Das ist im Grunde überflüssig, wenn die baulichen Anlagen mit einer Vielzahl von Pflanzen in enger Verbindung stehen und das Blattgrün dominieren soll. Es reicht sicher aus, wenn man bei der Imprägnierung zwischen Braun- und Grüntönen wählen kann. Stellt sich nach einiger Zeit eine natürliche Vergrauung ein, zeigt es doch, daß man der Natur den Vortritt läßt.

Ganz anders sieht es dagegen aus, wenn die Hölzer mit einer deckenden Farbe gestrichen werden. Da auch Farben besondere Effekte haben können, soll auf keinen Fall etwas gegen diese Gestaltung gesagt werden.

Was die Holzveredlung betrifft, können die Mittel ohne giftige Substanzen vorteilhaft eingesetzt werden. Auch hier kann fast jeder Holzton geliefert werden. Die Hauptbestandteile sind Buchenholzextrakte, Borsalze, auf pflanzlicher Basis aufgebaute Grundieröle, Kräuterextrakte, lichtechte Erd- und Mineralpigmente. **Zu chemischen Holzschutzmitteln gibt es in vielen Fällen keine Alternative. Diese Mittel sollten allerdings sparsam eingesetzt werden.**

Entsorgungsfragen
Wegen der belastenden Substanzen, die auch noch vorhanden sind, wenn sie bereits eingetrocknet sind, gehören Farben, Lacke und Reinigungsmittel nicht in den Hausmüll, sondern müssen als **Sondermüll** entsorgt werden. Heute gibt es fast in jeder Stadt entsprechende **Sammelstellen**, die solche Stoffe kostenlos entgegennehmen. Auch wenn es etwas mehr Mühe macht, sollte man das Angebot nutzen und nicht den einen oder anderen Topf aus Bequemlichkeit im eigenen Mülleimer verschwinden lassen.

Kesseldruckimprägniertes Holz

Werkzeugkunde

Die wichtigsten Werkzeuge

Auf diesen beiden Seiten finden Sie Kurzbeschreibungen der wichtigsten Werkzeuge, die Sie benötigen, um selbst Gartenhäuser, Lauben und Pavillons komplett zu bauen oder als Bausatz zu errichten. Welche Werkzeuge Sie für einzelne Arbeitsabläufe brauchen, ersehen Sie aus den Abbildungen unter der Rubrik »Werkzeuge«, die Sie bei allen Arbeitsabläufen finden.

Werkzeuge zum Messen und Richten

1
1. Meterstab: Zum Messen, wenn exakte Angaben nötig sind.

2
2. Bleistift: Für feine Markierungen braucht man den spitzen, sonst den dicken ovalen Zimmermannsstift.

3
3. Anschlagwinkel: Er wird in verschiedenen Größen gebraucht. Damit läßt sich der rechte Winkel übertragen.

4
4. Richtschnur: Zum Ausrichten der Fundamente, Mauern, Stützen oder Dachbalken.

5
5. Richtlatte: Zum Feststellen und Ausrichten ebener Flächen.

6
6. Wasserwaage: Ein wichtiges Hilfsgerät für alle Bereiche Ihres Handwerks. Zur Feststellung senkrechter und waagrechter Flächen.

7
7. Schlauchwaage: Zur Feststellung der waagrechten Ebene bei weit auseinanderliegenden Punkten. Dazu wird eine Hilfskraft benötigt.

Werkzeug für das Erdreich, die Beton- und Mörtelherstellung

8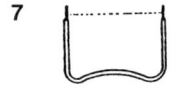
8. Spaten: Er wird überall gebraucht, z. B. für Fundamente und Leitungsgräben, Abtragungen oder Aufschüttungen.

9
9. Schaufel: Zum Verteilen des Erdreichs, zum Mischen und Einfüllen des Betons.

10
10. Harke: Damit werden Flächen eingeebnet und geglättet, sowie Zement und Sand verteilt.

11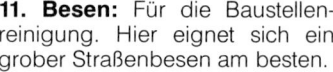
11. Besen: Für die Baustellenreinigung. Hier eignet sich ein grober Straßenbesen am besten.

12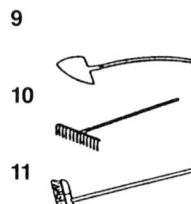
12. Stampfer: Mit einem einfachen Holzstampfer wird der Beton im Fundament verdichtet. Ansonsten wird er zur Verfestigung des Erdreiches gebraucht.

13
13. Schubkarre: Man braucht sie für alle Bau-, Transport- und Gartenarbeiten.

14
14. Betonmischer: Damit wird die Herstellung aller Beton- und Mörtelmischungen ganz wesentlich erleichtert.

15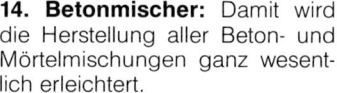
15. Mörtelwanne: Wenn der Mörtel nicht gleich in der Schubkarre angemacht wird, leistet der Behälter aus Kunststoff gute Dienste.

16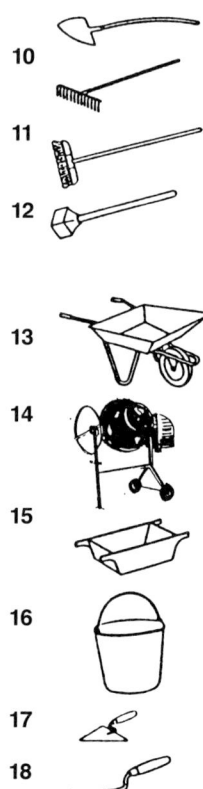
16. Wassereimer: Für die Baustelle wird eine stabile Ausführung empfohlen, damit der Henkel nicht so leicht abreißt.

17
17. Maurerkelle: Zum Verteilen und Glätten des Mörtels.

18
18. Fugeisen: Zum Glattstreichen und Ausfugen auch tiefer liegender Fugen im Sichtmauerwerk.

19
19. Maurerhammer: Mit seiner breiten Schnittfläche lassen sich Steine gut zerteilen.

20
20. Rüttelplatte: Eine gute Hilfe bei der Bodenverdichtung und der Plattierung der Flächen.

Werkzeugkunde

Werkzeuge für die Holzbearbeitung

21. Handsäge: Zum Zerschneiden größerer und dickerer Hölzer.

22. Motorkreissäge: Für alle Schnitte, aber besonders zum Zerschneiden von Platten.

23. Motorstichsäge: Rundungen und Verzierungen könnten ohne dieses Gerät kaum ausgeführt werden.

24. Fuchsschwanz: Er wird in verschiedenen Größen und Zahnungen angeboten und gebraucht.

25. Gehrungslade: Ein wertvolles Hilfsgerät, um exakte Winkel schneiden zu können.

26. Schreinerhammer: Fast jeder Handwerkszweig hat seinen speziellen Hammer. Mit dieser Form kann der Schreiner am besten arbeiten.

27. Kneifzange: Damit zieht man Nägel heraus und kneift Drähte ab.

28. Bohrmaschine. Sie ist heute fast unentbehrlich, ganz gleich, wo sie auch eingesetzt wird.

29. Bohrer: Für jedes Material bekommt man den speziellen Bohrer. Für die üblichen Arbeiten sind sie recht preiswert erhältlich.

30. Handbohrer: Zum Vorbohren kleiner Schraubenlöcher.

31. Stecheisen: In verschiedenen Breiten eignen sie sich besonders zum Ausstemmen von Zapfenlöchern.

32. Hobel: Wird bei Außenarbeiten nur noch selten gebraucht. Eignet sich im Längsholz zur Kantenbearbeitung.

33. Raspel: Wenn Rundungen gefragt sind, ist dieses Gerät für die grobe Vorarbeit genau richtig.

34. Feile: Damit werden an den Rundungen die feinen und abschließenden Arbeiten ausgeführt.

35. Schleifklotz: Er hält das Schleifpapier. Nur so bekommt man eine ebene Fläche.

36. Schleifpapier: Es ist in vielen Körnungen zu bekommen.

37. Schraubendreher: Für die unterschiedlichen Schraubengrößen sollte man immer ein Werkzeug mit der passenden Klinge verwenden.

38. Schraubenschlüssel: Neben dem gewöhnlichen Maulschlüssel können Sie mit Ring- oder Steckschlüssel größere Drehmomente erzielen.

39. Arbeitshandschuhe: Bei allen groben und schmutzigen Arbeiten ein wirksamer Schutz für die Hände.

40. Pinsel: Für die verschiedenen Arbeiten und Materialien gibt es eine Reihe unterschiedlicher Ausführungen.

Grundkurs: Versorgungsleitungen

Kabel verlegen

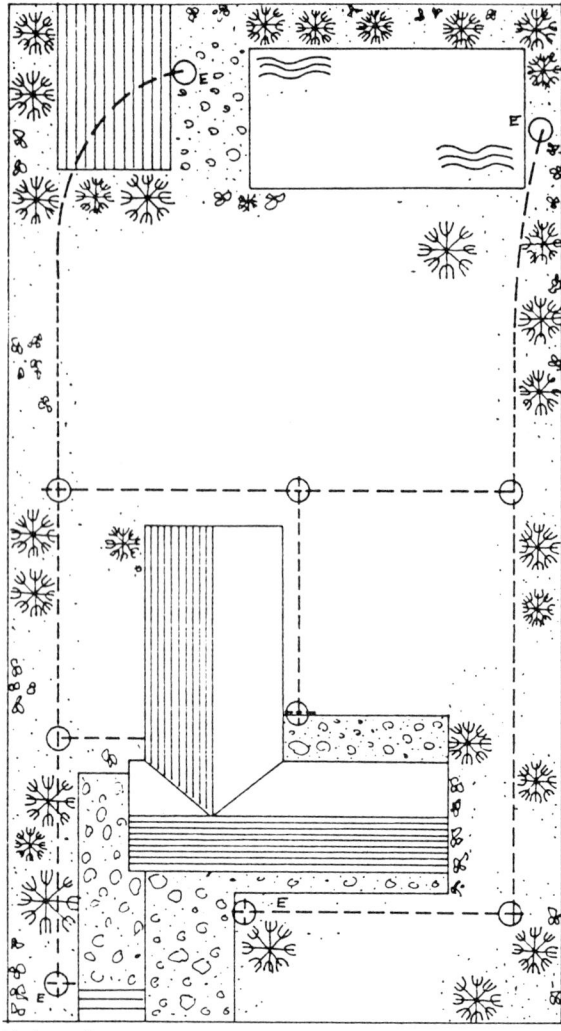

Verlegeplan

Ebenso wie die Gestaltung der Gebäude muß auch die Versorgung mit Wasser einschließlich der Entsorgung und auch die Heranführung von elektrischer Energie sorgfältig geplant und überlegt werden. Auf dem **Grundstücksplan** wird eingezeichnet, wo sich markante und wichtige Punkte befinden.

Andererseits gibt es aber auch Hindernisse, die einer Leitungsführung im Wege stehen. Es muß auch am besten auf einem Plan festgelegt werden, wo überall Wasser benötigt wird, wo ein Abfluß vorhanden sein muß und wo ein Anschluß für 220 Volt sinnvoll ist. Das sollte alles frühzeitig mit in die Planung einbezogen werden, wobei man dann noch die günstigste Streckenführung austüfteln kann. Hinterher wird man kaum noch rationell verlegen können. Dieser Plan, farbig angelegt, sollte bei den Bauakten aufbewahrt werden. Er ist schnell zur Hand, wenn Änderungen oder Reparaturen auszuführen sind. Das kann auch von Wichtigkeit sein, wenn Neuanpflanzungen geplant sind.

220-Volt-Netzanschluß
Da nicht nur im Wohn- und Gartenhaus, sondern auch im übrigen

Grundkurs: Versorgungsleitungen

Außenbereich häufig Elektrogeräte gebraucht werden, sollte man die Stromversorgung natürlich nicht außer acht lassen. Will man an mehreren Stellen eine Beleuchtung oder Steckdosen einrichten, läßt sich auch dies bei frühzeitiger Planung verhältnismäßig einfach realisieren. Bei der Auswahl der Kabel und bei der Verlegung ist nach den geltenden Bestimmungen zu verfahren. Ein Fachmann, der auch alle Absicherungen vornimmt, sollte auf jeden Fall für diese Arbeiten zu Rate gezogen werden. Handelsübliche Kabel (Typ NYM-J) und Leitungsverbindungen dürfen z. B. nicht einfach in die feuchte Erde gelegt werden. **Spezielle Erdkabel** sind jedoch sehr teuer. Die Zeichnung zeigt, wie ein 60 mm tiefer Graben ausgehoben und wie er verfüllt werden muß. Anstelle der **Steinabdeckung** kann man auch ein buntes **Trassenwarnband** einlegen.

Der beste Plan ist jedoch nichts wert, wenn man sich bei der Verlegung nicht an die Vorgaben hält. Ein paar Fotos darüber haben übrigens noch nie geschadet, und nach Jahren können auch solche Dokumente von großem Nutzen sein, wenn Sie an den Leitungen Reparaturen ausführen müssen.

Schacht – Querschnitt

Grundkurs: Versorgungsleitungen

Wasserleitung verlegen

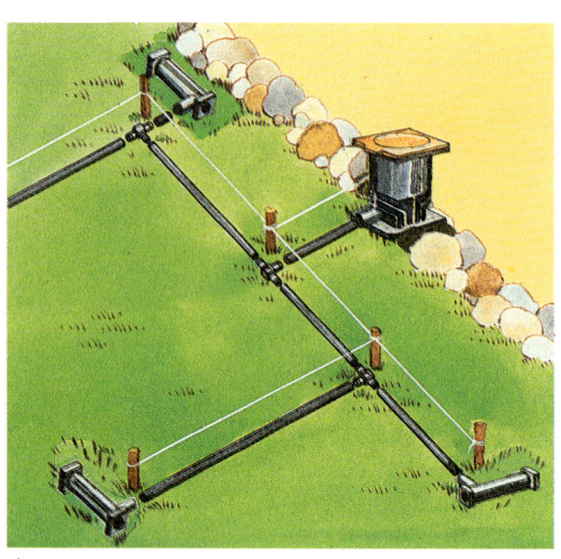

1

2

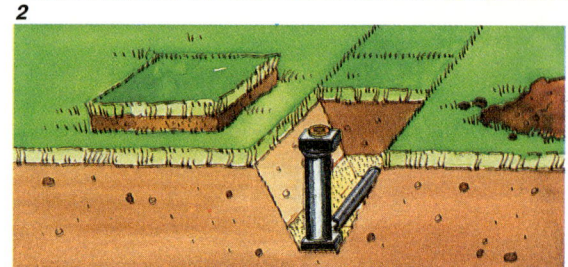

3

Wasser
Zweckmäßig sind Wasseranschlüsse in unmittelbarer Nähe von Terrasse, Garage, Gewächs- oder Gartenhaus. Eine **Zapfstelle mitten im Garten** ist daher ratsam. Für die Verlegung von Wasserleitungen können spezielle fertige Kunststoffsysteme verwendet werden. Die Kunststoffleitungen werden ausgelegt, mit den gewünschten Verbindern und Elementen zusammengesteckt und eingegraben. Da das Leitungsnetz im Winter leicht zu entleeren ist, kann ihm auch Frost nichts anhaben. Das System kann sowohl über als auch unter der Erde verlegt werden. Da keine tiefen Gräben gezogen werden müssen, läßt sich ein solches System jederzeit auch in einem schon fertigen Garten installieren.

**Die Verlegung
von Versorgungsleitungen:**

1 Nachdem ein Plan erstellt und das Material beschafft wurde, wird alles inklusive der Anschlüsse auf dem Boden ausgelegt. Bereits jetzt sollen nach Möglichkeit alle Verbindungen hergestellt werden.

2 Danach hebt man die Gräben aus, legt die Leitungen ein und überprüft die Anlage auf Funktion.

3 Erst nach dem Probelauf sollten die Gräben wieder zugeschüttet und die ursprüngliche Oberfläche wieder hergestellt werden.

4 Denkbar bequem läßt sich der Schlauch an die unterirdische Pipeline anschließen.

Grundkurs: Versorgungsleitungen

5 Der Schnitt durch den Boden verdeutlicht die Lage der Steckdose. Die Pipeline verläuft links durch den Erdboden.

6 Die Steckdose läßt sich durch einen Klappdeckel verschließen.

7 Alles unscheinbar, doch überall ist ein Wasseranschluß.

Grundkurs: Beton- und Mörtelherstellung

Beton und Mörtel – mischen von Hand und mit der Maschine

Auf die sorgfältige Durchmischung aller Bestandteile kommt es entscheidend an. Soll dies ohne Mischer auf dem Boden geschehen, ist das in einem angelegten Garten fast unmöglich. Kleine Mengen Beton für ein Fundament oder der Mörtel für ein Mäuerchen kann vielleicht noch in einer Mörtelwanne oder in der Schubkarre gemischt und angemacht werden.

Motormischer
Einen kleinen Mischer kann man sich bestimmt in der Nachbarschaft oder bei einem Bauunternehmer **ausleihen**. Außerdem etablieren sich immer mehr Spezialfirmen, die, angefangen vom Baukran über die Rüttelplatte bis hin zur Bohrmaschine, alles für den Selbermacher bereithalten und verleihen. Man findet sie im Branchenfernsprechbuch unter dem Stichwort »Verleihgeschäfte«.

Fertigmischungen
Diese Mischungen sind nicht zu vergleichen mit dem Fertig- oder Transportbeton, der mit Großfahrzeugen angeliefert wird. Was für die Verleihfirmen gilt, haben die Mörtellieferanten schon seit längerer Zeit erkannt: Sie bieten **fertige Trockenmischungen** in handlichen Gebinden an. So bekommt man Beton, Maurermörtel, Fugenmörtel, verschiedene mineralische Putzmischungen, Estriche und Spezialmörtel. Auch in diesem Branchenzweig haben sich Produkte etabliert, die auch ein Laie denkbar einfach anwenden kann. Es wird nur noch Wasser zugegeben, und der Mörtel kann verarbeitet werden. **Den Beton kann man praktisch in der Baugrube anmachen**. Damit aber auch wirklich nichts falsch gemacht wird, sind genaue Anleitungen auf den Säcken oder Eimern aufgedruckt, oder man bekommt separate Anleitungen. Von einer Verschmutzung der Umgebung ist in diesem Fall keine Rede mehr. Ebenso hat man keine Last mehr mit den übriggebliebenen Resten. Wenn man Fertigmischungen verwendet, denen nur Wasser zugegeben werden muß, spart man nicht nur Zeit für die Beschaffung von Zement und den Zuschlagstoffen, sondern auch die Anmachzeit und viel Zeit für die Aufräumarbeiten. Andererseits muß man dafür zahlen, denn die Fertigmischungen kosten schon einen spürbaren Aufpreis. Bei größeren Mengen sind Fertigmischungen unrentabel, und es bleibt nur die Hand- oder Maschinenmischung. Man muß schon rechnen, was einem die Bequemlichkeit wert ist.

Für eine Baustelle dieser Größenordnung ist ein **Mörtelmischer** ein sehr nützliches Gerät, um diesen Arbeitsgang ohne großen Kraftaufwand durchzuführen. Dabei spielt es überhaupt keine Rolle, ob dieser Mischer mit einem Benzin- oder Elektromotor angetrieben wird. Der Mischer ist fahrbar und läßt sich dorthin transportieren, wo er gerade gebraucht wird.

Steht ein solches Gerät nicht zur Verfügung, so können auch größere Mengen durchaus **von Hand** gemischt werden. Was den Zeit- und Kraftaufwand und auch das Ergebnis angeht, so liegt man bei der Maschine natürlich günstiger.

Grundkurs: Beton- und Mörtelherstellung

Maschinenmischung

Grundkurs: Beton- und Mörtelherstellung

Handmischung

Ist ein Motormischer nicht zu bekommen, bleibt Ihnen nichts anderes übrig, als die Mischung von Hand herzustellen. Um dort, wo angemischt werden soll, den Rasen oder Erdboden zu schonen, sollte er durch Schaltafeln, größere Holzplatten oder Bleche abgedeckt werden. Neben der Schonung wird auch erreicht, daß Teile des Erdreichs nicht in die Mischung gelangen. Erde oder Lehm gehen im Gegensatz zu Sand oder Kies keine Verbindung mit dem Zement ein. Würde man beim Mischen mit dem Spaten ins Erdreich stoßen und die Mischung durch Erde verunreinigen, bekommen Sie unweigerlich Einschlüsse in den Mörtel oder den Beton, was nicht nur bei der Verarbeitung sehr hinderlich ist, sondern was auch die Haltbarkeit vom Mörtel oder Beton herabsetzt.

Man schaufelt also Kies oder Sand in der gewünschten Menge auf die vorher eingerichtete Mischfläche und setzt anschließend den Zement zu. Für einen sehr festen und haltbaren **Zementmörtel** liegt das Mischungsverhältnis bei etwa **drei Teilen Sand oder Kies und einem Teil Zement**. Er bindet schnell ab und neigt leicht zu Rißbildung, eignet sich jedoch besonders für Fundamente, die hohen Belastungen ausgesetzt sind. Mindestens wird zweimal umgeschaufelt, ehe man bei einem dritten Mischvorgang Wasser zugibt. Eine gute Mischung erkennt man leicht an der gleichmäßigen Graufärbung. Helle Sandstellen deuten auf das Gegenteil hin. In diesem Fall muß nachgemischt werden.

Die feuchte Mischung ist schon erheblich schwerer zu verarbeiten. Geben Sie auf keinen Fall so viel Wasser zu, daß das Material von der Schaufel läuft. Die Mischung für ein Fundament sollte etwa so

Fertigmischung

Grundkurs: Beton- und Mörtelherstellung

feucht sein wie das angrenzende Erdreich.

Geht es lediglich um einen Mauermörtel, ist ein **Kalkzementmörtel** besser, denn er ist geschmeidiger in der Verarbeitung, bekommt also nicht so leicht Risse und ist auch noch ausreichend wetterfest. Er entsteht im **Verhältnis 8:2:1**. Sie häufeln also mit der Schaufel als Maßeinheit etwa 8 Teile **Sand** auf, dann kommen zwei Teile **Kalkhydrat** und 1 Teil **Zement** hinzu.

Viel einfacher hat man es mit dem **Transportbeton**. Jedoch nur dann, wenn auch gleich größere Mengen benötigt werden. Wenn die Baustelle aber zu weit von einer Straße entfernt liegt, treten zusätzliche Probleme auf, denn dann kann das Fahrzeug nicht unmittelbar heranfahren. Dann bleibt nur die Schubkarre als Transportmittel. Wenn allerdings der Weg durch einen älteren, bereits zugewachsenen Garten führt, muß die Karre meist auch noch über Bohlen gelenkt werden, weil sie sonst durch das hohe Gewicht unweigerlich in den weichen Boden einsinken würde.

Eine **Betonpumpe** kommt nur in den seltensten Fällen in Frage, denn wo wird Beton gleich zu mehreren Kubikmetern benötigt? Bei kleinen Mengen werden die Kosten für die Anfahrt den Nutzen kaum aufwiegen. Übrigens saugt die riesige Pumpe auf dem LKW erst einmal einen Kubikmeter an, bevor der Füllrüssel den ersten Betonbrei ausspucken kann. Sie müssen also in jedem Fall mehr Material kalkulieren als sie eigentlich benötigen, was gerade bei kleineren Mengen sich spürbar bemerkbar macht.
Es ist also an die Verhältnismäßigkeit der Mittel zu denken und zu beachten, daß bei dem Bau eines Gartenhausfundaments in der Regel keine großen Betonmengen benötigt werden.

Handmischung ist Muskelarbeit

Grundkurs: Fundamente

Fundamente herstellen

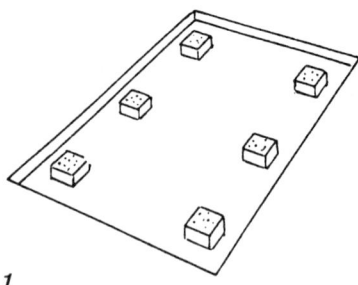

1

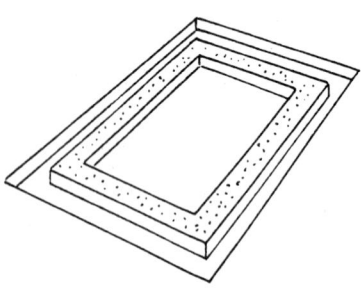

2

Für jedes Bauwerk im Garten braucht man einen **festen Untergrund**. In aller Regel schafft man dies in Form eines gegossenen Fundaments. Das gilt für den Einzelposten einer Pergola, eines Laubengangs, einer Laube, die Stützen eines Pavillons oder eines Gartenhauses.

1 Selbst bei größeren Gartenhäusern können aber auch schon **Punktfundamente** an den Ecken ausreichen. Diese kleinen Sockel lassen sich schnell herstellen, und es wird wenig Material gebraucht. Dafür sind die Schalarbeiten etwas aufwendiger. Dagegen bilden Streifenfundamente einen sauberen seitlichen Abschluß.

2 Ein **Ringfundament** mit Asche- oder Kiesfüllung in der Mitte ist sicher eine solide Lösung für ein Gebäude im Garten.

Doch wem dies noch nicht gut genug ist, wird sich für eine durchgehende Betonplatte entscheiden. Die Betonplatte gießt man vor allem dann, wenn das Haus ohne Holzfußboden unmittelbar auf dem Beton aufgebaut wird. Gegen Fußkälte ist dann natürlich eine Wärmedämmung erforderlich.

Herstellung der Schalung

Der Beton ist immer sehr schnell eingefüllt, aber die Herstellung der Schalung erfordert meistens viel Zeit und Mühe. Hat man es mit einem festen, gewachsenen Boden zu tun, kann man sich die umständlichen Schalungsarbeiten sparen. Hier braucht man nur für einen gleichmäßigen oberen Abschluß zu sorgen.

3 Für ein **Streifenfundament** werden in gleichem, parallelem Abstand zwei Bretter ausgelegt und festgesetzt. Mit dem Maßstab legt man die genaue Höhe fest und richtet die Schalung mit der Wasserwaage aus. Bei mehreren hintereinanderliegenden Punktfundamenten kann man eine gleiche Schalung wie beim Streifenfundament aufbauen. Doch füllt man den Zwischenraum nicht komplett mit Beton, sondern setzt dort, wo z. B. ein quadratisches Punktfundament errichtet werden soll, kleine Bretter rechtwinklig dazwischen. Zur seitlichen Abstützung spitzt man kurze Dachlatten an und rammt sie außen dicht neben die Schalung in den Boden.

Will man ein Fundament gegenüber dem umliegenden Bereich deutlich höher gießen, lassen sich auch Balken verwenden, die dann einfach auf das Erdreich gelegt werden können. Wenn das Fundament kaum sichtbar sein soll, kann man die Schalung natürlich auch in den Boden integrieren. Hier sind alle Möglichkeiten offen.

4 Ist der Boden sehr locker, muß ein ausgehobener Graben für ein Streifenfundament oder ein kleiner Schacht für ein Punktfundament

Grundkurs: Fundamente

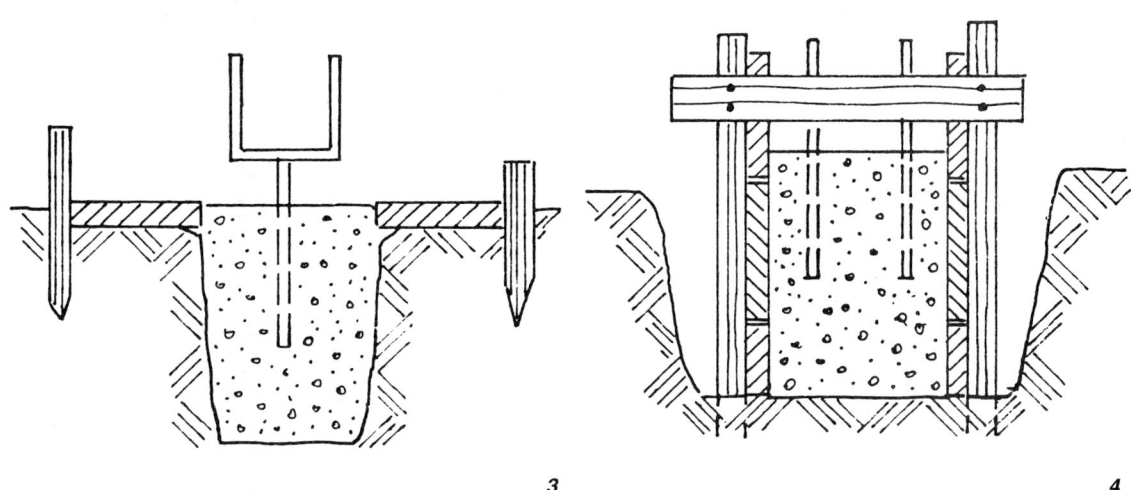

3 *4*

seitlich wie ein Stollen verschalt werden, damit keine Erde nachrutschen kann. Die Breite und Höhe hängt natürlich davon ab, welche Sockelform geplant ist und wie weit das Fundament später aus dem Erdboden herausragen soll. Wichtig ist, daß das Fundament **tiefer als die Frostgrenze** liegt (meist 80 cm unter Erdoberkante), da der Beton sonst nicht genügend verankert ist.

Für die Seitenwände werden 50 cm breite Schaltafeln verwendet. Natürlich können es auch Bretter sein.

Die Tafeln oder Bretter nagelt man an **senkrechte Stützen**, die man vorher seitlich in den Boden geschlagen hat. Dabei muß man mit Hilfe der Richtschnur auf einen geraden Verlauf achten. So krumm und buckelig, wie man die Schalung baut, wird natürlich auch das Fundament. Beim Streifenfundament wird erst einmal eine Seite der Schalung komplett fertiggestellt, bevor man sich an den Bau der gegenüberliegenden Seite macht.

Die Wände werden im oberen Bereich durch einige **schräg angelegte Stützen** festgesetzt, damit sich die Schalung durch das Gewicht des eingegossenen Betons keinesfalls nach außen wölben kann. Ist an der einen Seite alles zusammengebaut, kann mit dem Bau an der anderen Seite der Schalung begonnen werden. Die Schalbretter müssen Sie aber nicht nur von außen abstützen: Damit die Schalung auch nicht nach innen kippen kann, nagelt man als **Abstandhalter** kurze Dachlatten oben quer über die Schalbretter. Achten Sie besonders auf einen gleichmäßigen Abstand der Schalungen.

Grundkurs: Fundamente

5 Die **Schrägstützen** außen können entfallen, wenn die senkrechten Wände innerhalb des Grabens festgesetzt werden können. Bei hochstehenden Punktfundamenten ist ein Mehraufwand erforderlich, denn hier sind gleich vier Seiten einzuschalen. Die Arbeiten müssen aber nicht vor Ort, sondern können in der Werkstatt auf einem Werktisch erledigt werden. Hat man die Schalung in Form einer beidseitig offenen Kiste gezimmert, wird sie anschließend in das ausgehobene Loch gestellt, exakt ausgerichtet und durch schräg angestellte Streben festgesetzt. **Bauen Sie bei allen Verschalungen für Fundamente im Zweifel lieber eine Stütze mehr als eine zu wenig**. Der feuchte und durch Stampfen verdichtete Beton wird sehr schwer und drückt mangelhaft gesicherte Schalungen leicht auseinander. Wenn dies erst festgestellt wird, während der Beton eingefüllt wird, ist eine Reparatur jedoch kaum noch möglich.

6 Soll auch ein **Anker** in das Fundament eingelassen werden, muß dies nicht sofort bei der Betonierung geschehen. Man kann auch erst einmal einen **Platzhalter** in Form eines Hartschaumklotzes einlegen oder eine Flasche kopfüber in den weichen Beton stecken, um sie noch während des Abbindens durch Drehbewegungen wieder herauszuziehen. Der Beton ist zu dieser Zeit zwar noch weich, doch er fällt nicht mehr zusammen. Einen Hartschaumklotz kann man nach dem Abbinden herauskratzen.

Anker setzen

Auf die Frage, wann und wie die Anker eingesetzt werden, kann keine allgemein gültige Antwort gegeben werden. **Holzstützen sollen nicht in den Beton ein-**

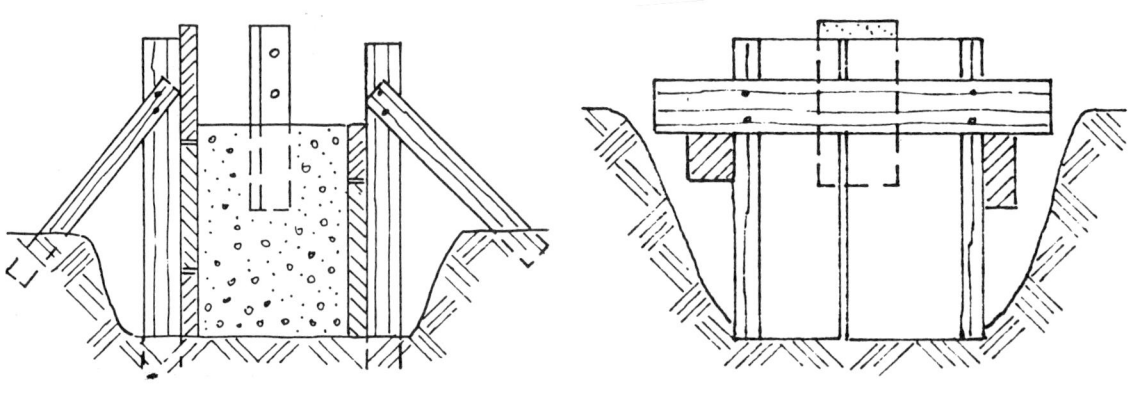

Grundkurs: Fundamente

gelassen werden. Sie stehen zwar fest und haben dadurch einen stabilen Sockel, aber das Holz ist an der Stelle, wo es aus dem Beton herausragt, durch die unterschiedlichen Witterungsverhältnisse starken Beanspruchungen ausgesetzt. Da genau dort immer wieder Feuchtigkeit ins Holz eindringen würde, darf es weder mit der Betonfläche noch mit der Erde in Berührung kommen.

Die einfachste Form des Ankers besteht aus einem **Winkeleisen.** Mit zwei Schrauben wird es an den Pfosten geschraubt. Es ist leichter, erst die Anker einzubetonieren und auszurichten. Die kurzen Eisen lassen sich leichter ausrichten als die langen Pfosten. Kleine Unregelmäßigkeiten lassen sich beim Befestigen des Balkens noch ausgleichen. **Zwischen Pfostenende und der Betonfläche soll ein Abstand von mindestens 2 cm eingehalten werden.** Eisen sind vorher mit einem Rostschutzmittel zu behandeln. Anstelle des Winkeleisens können auch **zwei Flacheisen** so angeordnet werden, daß sich der Pfosten dazwischen befestigen läßt. Man kann auch ein U-Eisen entsprechender Breite verwenden. Will man erst nachträglich Stützen auf einem Betonfundament

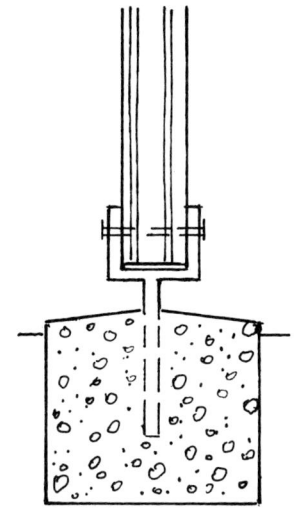

7

befestigen, werden **flache Metallwinkel** mit Dübeln und Schrauben aufgesetzt und die Pfosten zwischen diesen mit Schrauben befestigt. Natürlich muß auch hier auf den Zwischenraum zwischen Boden und Pfosten geachtet werden.

7 Eine besonders elegante Lösung ist der **verzinkte Metallschuh.** Auch hier ruht der Pfosten nicht auf der Grundplatte. Ist die richtige Größe nicht erhältlich und fällt er somit etwas kleiner aus, kann man zum Anpassen auch

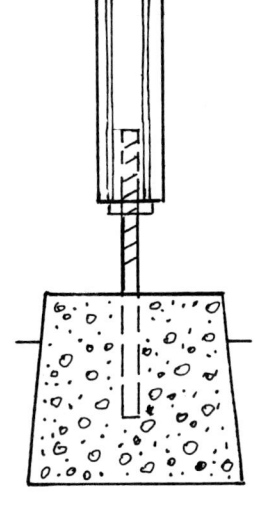

8

ruhig etwas Holz abtragen und so den Balkenquerschnitt an den Schuh anpassen.

8 Praktisch ist auch der Anker, der sowohl ins Holz als auch in den Beton eingelassen wird. Mit Hilfe einer Stellschraube können Höhenkorrekturen vorgenommen werden.

Im Sortiment der Hersteller finden Sie weitere Ankertypen, wie sie z. B. für die Befestigung der Pfosten an einer Hauswand verwendet werden.

Grundkurs: Mauern

Fachwerk – mit Kalksandstein ausgemauert

Grundkurs: Mauern

So wird gemauert

Fundament als Grundlage
Nicht auf Sand, sondern auf einem stabilen Fundament sollte gebaut werden, denn das Mauerwerk kann natürlich nur so stabil sein wie der Untergrund. Deshalb muß ein in Format und Dicke ausreichendes Fundament geschaffen werden. Eine waagerechte Fläche ist die erste Voraussetzung für eine gerade Mauer. Ob eine Fundamentplatte, ein Streifen- oder mehrere Punktfundamente gebraucht werden, soll an dieser Stelle nicht mehr erörtert werden. Um die Grundtechnik des Mauerns zu erlernen, soll hier jetzt mit einer einfachen Arbeit begonnen werden.

So wird gemauert
Wenn es bei Ihrem Vorhaben auch nicht um ein Riesenbauwerk geht, so ändert das nichts an der Notwendigkeit, sich auch für kleinere Projekte mit den wichtigen Handgriffen und den fachlichen Gegebenheiten vertraut zu machen, damit nicht für Kleinigkeiten ein Handwerker geholt werden muß. Gerade dies würde Ihr Bauvorhaben unnötig in die Länge ziehen und verteuern. Man sollte sich natürlich auch nicht selbst überschätzen und glauben, daß es beim Hochziehen einer Mauer lediglich um ein Aufschichten von Steinen geht. Mit der nötigen Sorgfalt, und darauf sollte man großen Wert legen, werden Sie die nachstehend beschriebenen Arbeiten sicher gut ausführen können. Wer noch keinerlei Erfahrungen mit dem Mauern gemacht hat, kann ja erst einmal zur Probe mit Mörtel und Steinen ans Werk gehen. Solange der Mörtel noch nicht abgebunden hat, können Sie das Versuchsmodell ohne Schwierigkeiten wieder abbauen und die Steine säubern, damit man sie anschließend wiederverwenden kann, wenn es ernst wird.

Sockel für eine Gartenbank
Angenommen, Sie möchten in einer Laube oder in einem offenen Pavillon eine massive Sitzgelegenheit aus Bahnschwellen oder anderen dicken Brettern schaffen, so eignen sich als Stützböcke und Höhenausgleich zwei kleine Aufmauerungen besonders gut. Es ist unerheblich, wieviele Steinlagen zu errichten sind: Als Endergebnis kommt es darauf an, daß die beiden Mäuerchen die gleiche Höhe erreichen und sowohl senkrecht als auch waagerecht verlaufen.

Was die Fugen betrifft, so ist wegen der Stabilität auf einen **deutlichen Versatz** der Stoßfugen (das sind

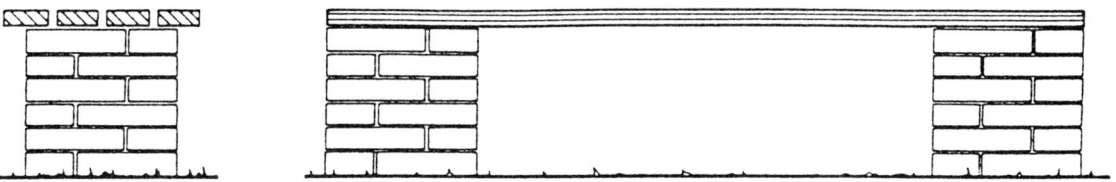

Grundkurs: Mauern

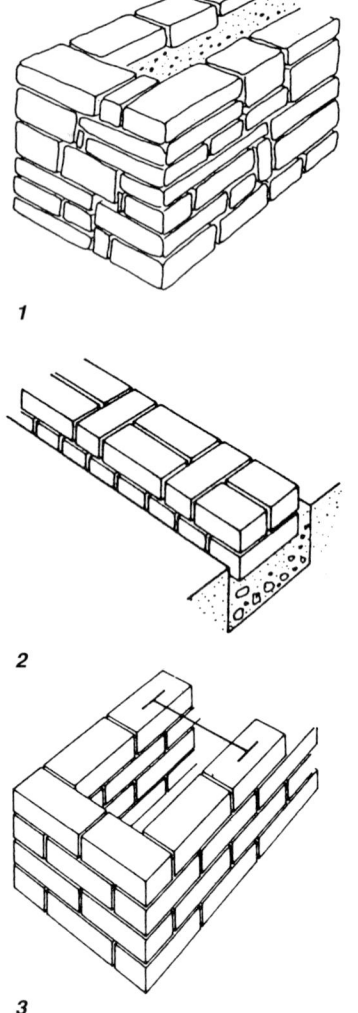

die senkrecht verlaufenden Fugen) zu achten, und die Breite der Fugen sollte so einheitlich sein, daß sich ein gefälliges Gesamtbild ergibt.

Um auf die endgültige Höhe zu kommen, muß natürlich noch die Dicke der Fuge zu der Steinhöhe hinzugerechnet werden.

1 Um ein **rustikaleres Aussehen** zu erreichen, können anstelle der Ziegel auch unregelmäßig geformte **Natursteine** vermauert werden. Bei Natursteinen sollten Sie ans Vorsortieren denken, damit sich aus vielen verschiedenen Einzelstücken ein harmonisches Gesamtbild ergibt.

Kleine Mauern
2 Auch hier wird nach dem gleichen Arbeitsmuster verfahren.

Voraussetzung ist auch hier ein stabiles Fundament, auf dem Sie die Steine aufmauern können. Hierzu ein Beispiel: Das Fundament liegt im Erdboden, und die Wand, die darauf gesetzt werden soll, hat eine Breite von 24 cm, was einer Steinlänge entspricht. Da die genormte Länge der Steine genau 24 cm beträgt, gibt es auch keine 1 m lange, sondern nur eine 99 cm lange Mauer, denn das Gesamtmaß setzt sich wie folgt zusammen: 4 Steine = 96 cm und 3 Fugen mit einer Dicke von jeweils 1 cm. Ergibt also nur 99 cm.

Wenn man dagegen eine Öffnung zwischen zwei Pfeilern zumauern will, sollte der Zwischenraum nach Möglichkeit 101 cm betragen, denn es kommen dann noch zwei Außenfugen hinzu. Selbstverständlich wird man bei Gartenbauten die Maße durch etwas stärkere Fugenabstände ändern können. Damit es zu einer wirksamen Verzahnung der Steine kommt, muß natürlich auch hier auf einen deutlichen Fugenversatz geachtet werden.

3 Wollen Sie Pflanztröge durch Mauerwerk gestalten, ändert sich dafür lediglich der Untergrund: Das Fundament sollte nicht aus einer gegossenen Platte, sondern aus Streifen- oder einem Ringfundament bestehen, damit die eingefüllte Pflanzerde direkt auf den Erdboden geschüttet werden kann. Für die Pflanzen hat dies den Vorteil, daß sie im Laufe der Zeit das Wurzelwerk über das Volumen des Troges hinaus ausbreiten können. In diesem Fall haben wir es mit einem **½-Stein-Mauerwerk** zu tun, wobei insbesondere auf die

Grundkurs: Mauern

Eckausbildung zu achten ist. Damit das eingefüllte Erdreich den Trog nicht im Lauf der Zeit auseinanderdrückt, sollten die Mäuerchen die Höhe von einem Meter nicht wesentlich überschreiten. Außerdem sind – wie auf der Zeichnung zu erkennen – zusätzlich verzinkte Anker in die Fugen einzulassen. Sie werden später durch die Erde verdeckt. Für alle Mauern bietet sich als oberer Abschluß eine Natur- oder Kunststeinabdeckung an. Es kann aber auch eine sauber ausgefugte Ziegelreihe sein.

Säulenmauerwerk

An die Errichtung einer Säule sollte man sich erst heranwagen, wenn man bereits mit Werkzeug und Material Erfahrung gesammelt hat. Hier können nicht probeweise wie beim Sockel einer Bank die Steine aufeinandergeschichtet werden. Vorab müssen erst einmal zwei Anschlagwinkel angebracht werden, an denen die Säule ausgerichtet wird. Alles muß vorher genau ausgemessen und ausgerichtet werden, ehe der erste Stein überhaupt aufs Fundament gesetzt wird. Dabei werden sogar die Fugenkanten angezeichnet. Dies soll nur als Hinweis für den Laien dienen, der meint, er könne Zeit sparen, indem er ohne diese Hilfsmittel ans Werk geht. Natürlich muß es auch zu einer Abstimmung mit den benachbarten Säulen kommen. Die Schlauchwasserwaage gibt Ihnen die wichtigen Orientierungshilfen.

Fugen

Neben den Formen und Farben der Steine spielen die Fugen beim Aufmauern eine wichtige Gestaltungsrolle. Dabei können Sie den Mörtel mit mineralischen Farben verändern, wenn Ihnen die üblichen hellen Töne nicht gefallen. Auch Ruß kann man hierfür verwenden. In den meisten Fällen wird beim Sichtmauerwerk in zwei Arbeitsgängen gemauert. Zunächst setzt man die Steine mit verhältnismäßig wenig Mörtel auf, so daß keinesfalls Material aus den Fugen herausquillt. Erst danach geht es um die Ausbildung der Fugen. Will man die Steine etwas mehr betonen, schließt der Fugenmörtel nicht bündig ab, sondern liegt etwas mehr zurück. Stellt man die Fugenkelle beim Glattziehen der waagerechten Fugen leicht schräg an, kann das Regenwasser später leichter ablaufen, und es bleibt keine Staunässe zwischen den Steinen. Bei einem flächenbetonten Sichtmauerwerk wird vollfugig aufgemauert.

4 Eine anspruchsvolle Arbeit ist es, wenn Sie eine Mauer mit unregelmäßig geformten Natursteinen ausfugen. Wegen der vielfältigen Steinformen sollte die Fugenverfüllung auf jeden Fall zurückverlegt werden. Einige Fugen können hierbei bewußt als Hohlraum ausgebildet werden, um dort später Pflanzen unterzubringen. Bei einer Stützmauer in Hanglage können diese Hohlräume so groß sein, daß die Wurzeln der eingesetzten Pflanzen auch bis zum gewachsenen Erdreich gelangen können. Sie entwickeln sich dann natürlich bedeutend besser.

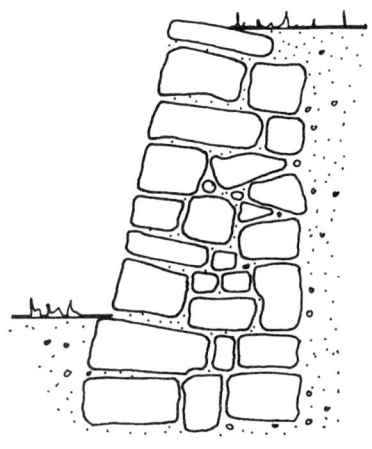

4

Grundkurs: Mauern

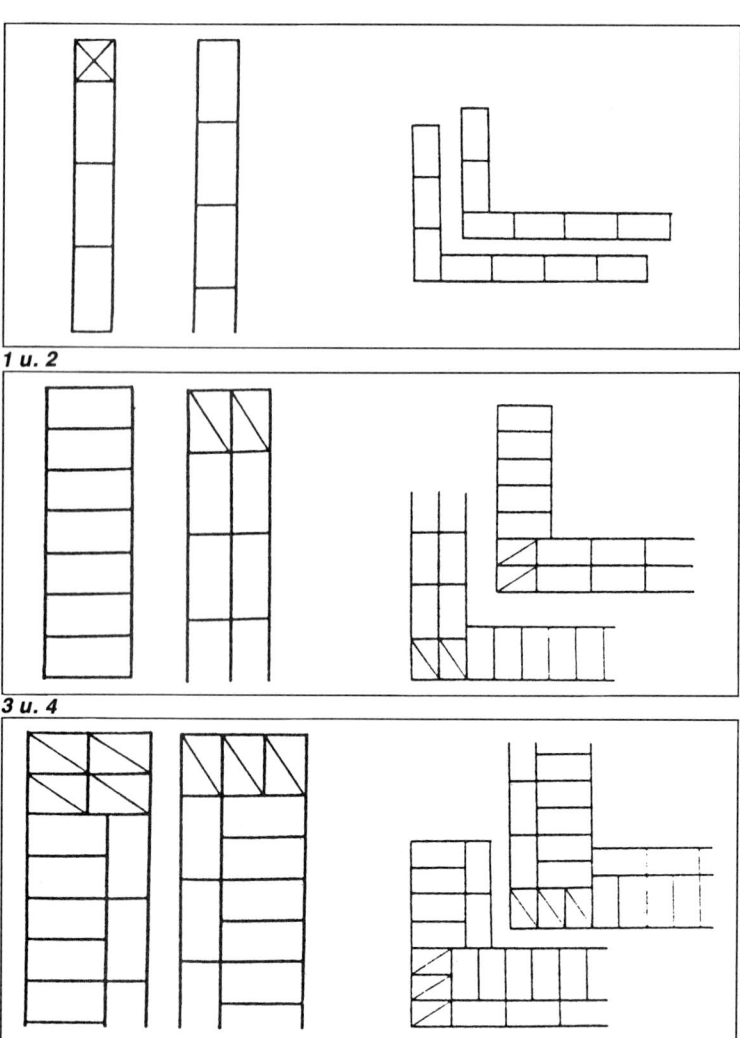

1 u. 2

3 u. 4

5 u. 6

Noch einige Fachbegriffe
Die waagerecht verlaufenden Fugen werden als **Lagerfugen** und die senkrechten als **Stoßfugen** bezeichnet. Die **Stoßfugen sind in aller Regel 10 mm** breit, die **Lagerfugen** dagegen mit **12 mm** etwas dicker. Bei dieser Berechnung greift man ausnahmsweise einmal auf die Millimeterskala zurück. Im übrigen liegen die Toleranzen in größeren Bereichen, so daß Maßangaben beim Mauern durchweg in Zentimetern gemacht werden. Alle gebräuchlichen Steinformate sind einschließlich einer 1 cm dicken Fuge auf ein Raster von 25 cm ausgerichtet. Ob nun vier Lagen eines normalen Ziegels oder statt dessen eine Lage Hohlblocksteine vermauert werden: Man erhält die gleichen Endmaße. Wichtig für den optischen Eindruck sind letztendlich nur gleichmäßige Fugen und ein harmonisch verlaufender Fugenversatz.

Ein Mauerwerksverband besteht abwechselnd aus **Läufern** und **Bindern**. Die Läufer werden in Richtung der Mauer verarbeitet, die Binder sind dagegen in der Querrichtung gesetzt. Das gilt auch für eine **Rollschicht**, die gern als obere Abdeckung verarbeitet wird. Die Steine liegen hier

Grundkurs: Mauern

aber nicht flach, sondern werden auf die Seitenflächen gestellt. Die üblichen Wanddicken ergeben sich aus dem 25er-Raster.

1 + 2 Eine ½-Stein-Mauer ist 11,5 cm dick. Die erste Lage beginnt mit einem halben Stein. In der Zeichnung ist dies durch ein X markiert. Einen halben Stein verlegt man natürlich nicht quer, sondern in Längsrichtung, damit die unregelmäßige Oberfläche der Bruchstelle durch den Mörtel ausgeglichen und verdeckt wird. Bei Eckverbindungen werden die Stoßfugen über Eck angelegt.

3 + 4 Die 1-Stein-Mauer ist 24 cm dick. Dies entspricht zwei 11,5 cm dicken Steinen und der 1 cm breiten Fuge. Die zweite Lage wird in diesem Fall mit zwei Dreiviertelsteinen begonnen. Diese Steine sind in der Zeichnung durch ein / gekennzeichnet. Bei der Eckverbindung werden beide Lagen mit Dreiviertelsteinen begonnen.

5 + 6 Die **1 ½-Stein-Mauer** besteht aus einem ganzen Stein, einer Fuge und einem daran anschließenden halbierten Stein. Das Gesamtmaß beträgt genau 36,5 cm; dennoch spricht man hier von einem 36er Mauerwerk.

Werkzeug

Ohne ordentliches Werkzeug kommt man auf keinen Fall aus. Schon für die Vorarbeiten werden **Meterstab**, **Bleistift**, die **Richtlatte** und eine **Richtschnur** und nicht zuletzt eine **Wasserwaage** gebraucht. Die Steine müssen schon bereitliegen, wenn Sie den Mörtel fertig angemacht haben.
Was Sie jetzt als erstes Werkzeug brauchen, ist die **Maurerkelle**. Ob man nun die dreieckige oder trapezförmige Form wählt, hängt allein davon ab, welches Modell besser in der Hand liegt und mit welcher Ausführung man besser umgehen kann. Die trapezförmige Ausführung kann später noch für viele Garten-, besonders aber Pflanzarbeiten gebraucht werden. An nächster Stelle steht der **Maurerhammer**. Er dient vorwiegend dem Teilen und Zurichten der Steine. Der Maurerhammer besitzt an einer Seite eine Schneide, mit der man durch einen oder mehrere Schläge einen Stein brechen kann. Für die etwas vertieft liegenden Fugen benötigt man ein **Fugeisen** in entsprechender Breite. Will man die Fuge nicht besonders betonen, wird die Fuge beim Aufmauern ganz gefüllt und glattgestrichen. Damit sind die wichtigsten Handwerkzeuge genannt. Dazu kommen noch ein **Mörtelkübel**, ein **Wassereimer**, eine **Schaufel** und ein **Besen**.
Zum Anmachen des Mörtels können Sie grundsätzlich zwischen zwei verschiedenen Möglichkeiten auswählen: Mischen von Hand oder mit der Maschine – darauf wird in einem speziellen Kapitel eingegangen. Wenn Sie aus welchem Grund auch immer nicht mit einer Mischmaschine arbeiten können, sei an dieser Stelle noch auf eine preiswerte Alternative hingewiesen: Mit einem Maschinenrührer, der etwa 30 Mark kostet und als Vorsatz auf die Bohrmaschine (mindestens 400 Watt) gesteckt werden kann, läßt sich jede Menge Muskelkraft einsparen.
Für den Erd- und Materialtransport wird meist auch eine **Schubkarre** benötigt. Wenn Sie mit der Schubkarre über weichen Gartenboden fahren müssen, empfiehlt es sich, den **Fahrweg mit einigen Bohlen abzudecken**, damit sich das Rad nicht eindrücken kann. Wenn Rasen oder Mutterboden direkt an die Baustelle grenzen, sollten Sie den Boden ebenfalls durch eine Abdeckung schonen. Da der Zement und die groben Steine die Haut nicht gerade schonen, ist auch das Tragen von **Handschuhen** angebracht.

Grundkurs: Messen

Der rechte Winkel

Den rechten Winkel braucht man nicht nur bei größeren Bauvorhaben. Auch beim Bau eines Gartenhauses oder anderer Bauwerke im Garten ist er ein nützlicher Helfer. Wer will schon krumme und windschiefe Flächen und Bauten. Dabei sollte auch nicht unerwähnt bleiben, daß sich **viele Schwierigkeiten erst im Laufe des Baufortschritts einstellen, wenn am Anfang nicht auf winkelgerechtes Arbeiten geachtet wurde.** Nachfolgende Bauteile wie Bodenplatten, Wandverkleidungen oder Einbaumöbel, um nur einige Beispiele zu nennen, finden dann nur unter großen Anstrengungen ihren zugedachten Platz. Wie will man ein rechtwinklig gefertigtes Fenster einbauen, wenn die Laibung nicht präzise gearbeitet ist?

1 Oft sieht man an offenen Baugruben sogenannte **Schnurgerüste**. Sie sind genau rechtwinklig ausgerichtet, und das ist dann beim Errichten des Baus maßgebend. Wenn größere Fundamente angelegt werden sollen, ist dieses Hilfsmittel sicher ganz gut geeignet. Für ein kleineres Gartenhaus ist dieser Aufwand allerdings nicht angemessen.

2 Nur drei Zahlen, die in der richtigen Reihenfolge angewendet werden, sind nötig, um einen rechten Winkel zu bestimmen. An einer bereits festliegenden Linie, es kann eine Hauswand oder der Grenzzaun sein, wird ein Eckpunkt markiert. Diese Linie kann aber auch beliebig im Garten festgelegt werden. In einem Abstand von 60 cm zu diesem Eckpunkt wird ein zweiter Punkt markiert. Ebenfalls vom Eckpunkt aus wird eine zweite Linie angelegt. Sie kann aus einer Schnur oder einer Richtlatte bestehen. In 80 cm Entfernung setzt man eine weitere Markierung. Zwischen den Endpunkten beider Schenkel muß der Abstand genau 100 cm betragen: Dann steht der rechte Winkel exakt fest. Durch ein Hin- und Herschieben der zweiten Linie erreicht man das Maß. Baubreite und -länge werden nun ein-

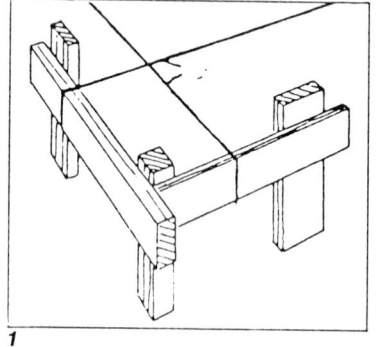

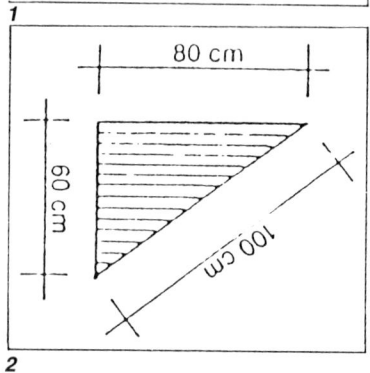

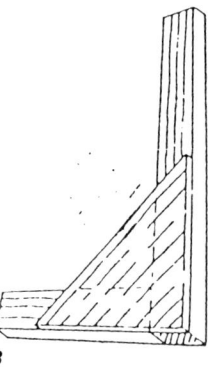

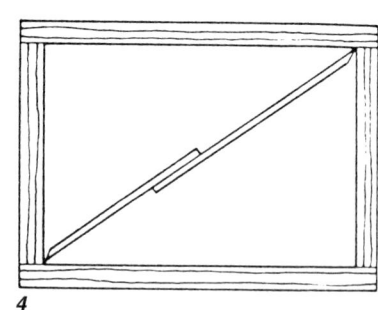

Grundkurs: Messen

gemessen und von den Eckpunkten aus wiederum die rechten Winkel bestimmt. Das hört sich im ersten Moment etwas verwirrend an, doch mit etwas Übung hat man dies schnell im Griff. Will man fachgerecht bauen, ist man auf diese Punkte ganz einfach angewiesen.

3 Im weiteren Verlauf der Bauarbeiten wird sicher häufig ein rechter Winkel benötigt. Dafür fertigt man sich am besten einen Holzwinkel an. Er besteht aus zwei ca. 5 cm breiten gehobelten Brettstücken, die in der Ecke verschraubt werden. Eine seitlich angebrachte Verstärkung sorgt für eine zusätzliche Stabilität. Selbstverständlich muß dieses Instrument ganz präzise gebaut sein. Die Prüfung auf Maßhaltigkeit erfolgt auf einer Platte mit einer geraden Kante. Der Winkel wird zuerst mit der rechten Anschlagseite und dann mit der linken Anschlagseite gegen die Kante gedrückt und jeweils am langen Schenkel entlang wird mit dem Bleistift ein Strich gezogen. Beide Striche müssen genau übereinstimmen.

4 Den rechten Winkel, z. B. bei einem Hausgrundriß, in einer Fensterlaibung oder für eine angrenzende Pergola kann man auch anders überprüfen: Durch eine **Diagonalmessung**. Ist die Länge der Diagonalen noch unter zwei Metern, gelingt es am einfachsten mit einem Meterstab. Ist die Entfernung größer, nimmt man zwei angespitzte Latten, die man der gewünschten Länge entsprechend parallel verschiebt, bis sie von Eck zu Eck reichen. Hat man die Latten mit zwei Schraubzwingen fixiert, wechselt man den langen Stab diagonal in die anderen beiden Ecken. Die eingestellte Länge muß auch in der zweiten Diagonale genau passen.

Das Ganze läßt sich natürlich auch mit einem Rollbandmaß bewerkstelligen, wenn eine zweite Person mithilft. Ohne Hilfe treten allerdings oft Meßungenauigkeiten auf.

Alles im rechten Winkel gebaut

Grundkurs: Gebäude

Häuser aus Holz und Beton

Blockhaus mit Lehndach

Wer unter den angebotenen Gartenhäusern nicht das Richtige findet, wird vom Boden bis zum Dach alles selbst bauen. Das Angebot an fertigen Häusern, Lauben und Pavillons ist groß, und häufig kann man schon zu einem günstigen Preis ein komplettes Gartenhaus erhalten. Der Preis ist also sicherlich kein Argument, ein solches Bauwerk komplett selbst zu erstellen. Entscheidet man sich für einen Bausatz, sollte man bei Preisvergleichen nicht nur nach dem ersten optischen Eindruck und der Hausgröße schauen. Wichtig sind Fragen zum gesamten Aufbau, zur Montage, den Wanddicken und Eckverbindungen, und wie solide der Boden und das Dach ausgeführt sind. Kurz, man sollte sich das zukünftige Häuschen ganz genau ansehen. Je mehr Vergleiche Sie mit anderen Fabrikaten und Modellen ziehen, desto besser können Sie sich natürlich ein Urteil bilden.

Offensichtlich schwache Hölzer für Grundkonstruktion und Verkleidung, eine schlechte oder nur mindere Holzqualität, schwache Beschläge einfachster Art, eine allzu simple Bauweise oder fehlende Isolierungen sind erhebliche Qualitätsmängel, die berücksichtigt werden müssen. Letztlich sollte man sich auch den Lieferumfang ansehen, denn wenn Ihnen beim Aufbau ein kleiner, aber wichtiger Bestandteil zur Montage fehlt, ist dies besonders ärgerlich. Dann folgt meist eine zeitraubende Suche.

Holzhäuser

Immer noch werden die meisten Gartenhäuser aus Holz hergestellt. Gerade dieser Werkstoff strahlt Wärme, Behaglichkeit und Gemütlichkeit aus. Fast jeder Haus- und Gartenbesitzer kann mit Hammer und Säge umgehen und daher Ergänzungen und Verschönerungsarbeiten an Bausätzen leicht erledigen. Was die Haltbarkeit angeht, so nimmt es das Holz mit jedem anderen Material auf. Die modernen Imprägnierungsverfahren verlängern die Lebensdauer des Holzes ganz wesentlich. Vorausgesetzt, man kümmert sich auch noch nach Jahren um eine Auffrischung des Holzschutzes.

Grundkurs: Gebäude

Blockbohlenhaus
Bei der Herstellung und dem Aufbau von sogenannten Blockbohlenhäusern wird Bohle für Bohle oder Stamm für Stamm aufeinandergeschichtet, bis die gewünschte Raumhöhe erreicht ist. Man ist an keine feste Höhe gebunden, denn mit 1 oder 2 zusätzlichen Bohlen erhöht sich die Raumhöhe entsprechend.

Bei den üblichen Bausätzen wird allerdings ein festes Maß angenommen. Eine Nachbestellung oder Sonderwünsche sind dann immer etwas teurer. Die unterschiedlichen Wanddicken wirken sich erheblich auf den Endpreis aus. Wenn man sich nur vom Aussehen leiten läßt, wird auch der Preisvergleich etwas schwieriger. So werden schon 32 mm dicke Hölzer oder Bretter als Bohlen bezeichnet. Standardbohlenstärken sind 40, 80 oder 90 mm. Alternativ hierzu werden Blockbohlenhäuser in Rundstammweise angeboten. Die Stämme haben einen Durchmesser von 120 mm bis 145 mm, manchmal sogar 170 mm und mehr.

Bei solchen Wanddicken kommt man auch in der kalten Jahreszeit ohne eine zusätzliche Isolierung aus. Die Fugen und Verbindungen sind dadurch, daß man hier glatte Kanten angehobelt hat, absolut wasserdicht. Durch Nute und Federn, manchmal sogar in einer doppelten Ausführung, wird zusätzlich die Winddichte erhöht. Bei großen Stämmen fügt man zusätzlich Dichtstreifen ein. So entstehen vollkommen dichte Wandflächen. Auch die rustikal aussehenden Rundholzwände sind auf diese Weise abgedichtet. Sehr schön und wuchtig sehen die Eckverbindungen aus. Die Bohlen oder Stämme werden kurz vor den Enden eingekerbt und ineinandergesteckt. Das Holz wird rundum Stück für Stück aufgeschichtet. Je nach Holz- oder Wanddicke kann es eine schwere und aufwendige Arbeit sein. Wie die Abbildungen zeigen, sind auch bei dieser Bauweise der Gestaltungsvielfalt keine Grenzen gesetzt. Entsprechend gestaltete Dächer runden den optischen Eindruck dieser rustikalen Bauweise ab.

Grundkurs: Gebäude

Pavillon

Betonfertigteile für Gartenhäuser

Gartenhäuser, die aus diesen Fertigteilen bestehen, unterscheiden sich vom Aufbau her kaum von ihren Schwesterfabrikaten aus Holz und können sich genauso gut in jeden Garten einfügen.

Die einzelnen Teile sind von Größe und Gewicht so bemessen, daß es ohne weiteres möglich ist, zusammen mit einem Helfer das Haus aufzubauen.

Bei diesen Haustypen bestehen die Wände aus senkrechten Stützen und Wandelementen, die mit diesen Stützen verbunden werden. Die Konstruktion ist gut durchdacht, und es lassen sich auch problemlos unterschiedliche Hausformen herstellen. Erst beim zweiten Hinsehen stellt man fest, daß ein solches Haus aus Einzelteilen besteht und welches Material verwendet wurde. Von grauen Betonflächen ist keine Spur zu entdecken. In bezug auf die Innenausstattung einschließlich der Türen, Fenster oder Wandverkleidungen sind keine festen Vorgaben festzustellen. Wie überall kann man trotz der Serienfertigung seine persönliche Note ins Spiel bringen. Das gilt ebenso für Wände und Pergolen, die zum möglichen Lieferumfang gehören und aus denen sich schöne Freisitze herstellen lassen. Diese Fertighäuser werden in vielen Größen und Ausführungen angeboten. Zum Lieferumfang gehören immer detaillierte Baubeschreibungen und Montageanleitungen.

Element- und Tafelbauweise

Im Montagebau von Holz- und Metallhäusern überschneiden sich diese Begriffe. Die Unterschiede sind unwesentlich, und das Endergebnis ist gleich. Eine Seite oder eine Seitenwand kann aus mehreren Einzelelementen oder aus einem kompletten Wandelement mit oder ohne Öffnungen bestehen. Bei der Elementbauweise hat man es mit Tür, Fenster oder Wandelementen zu tun. Ein Wandelement ist viel größer und damit schwerer, läßt dafür aber auch ein Haus schneller wachsen. Einzelelemente lassen sich leichter transportieren, müssen aber dann auch erst zu einer Wand zusammenge-

Grundkurs: Gebäude

baut werden. Die Zeichnungen zeigen den Unterschied zwischen den Bauformen recht deutlich. Die Elemente lassen sich untereinander auswechseln; ein Fenster- oder Türelement ist, wegen des größeren Herstellungsaufwandes, teurer als ein glattes Wandelement.

Baukastensystem
Kern der Baukastensysteme sind einzelne Bauteile, die zu möglichst vielen verschiedenen Grundformen zusammengesetzt werden können. Hierdurch läßt sich die Vielfalt des Angebotes vergrößern, und es kommen dabei häufig günstigere Preise heraus. Es gibt ein Grundmodell, welches durch verschiedene Anbauten, Ergänzungen oder Dachformen verändert und erweitert werden kann. Dadurch entstehen neue Grundmodelle, zu denen weitere Ergänzungen denkbar sind. So kann eine große Modellpalette entstehen. Das Baukastensystem bringt neben der Kostenreduzierung noch weitere Vorteile. So lassen sich oft noch nach Jahren Zusatzteile anschaffen und auf diese Weise das Haus erweitern.

Achten Sie in diesem Fall beim Kauf aber auf eine Nachkaufgarantie vom Hersteller.

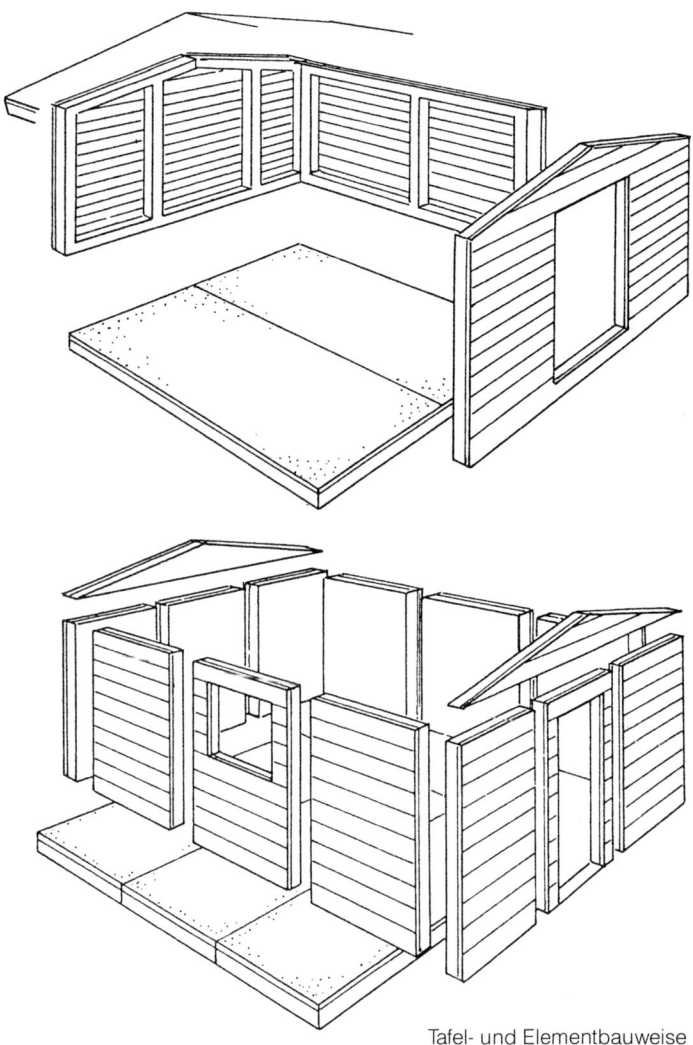

Tafel- und Elementbauweise

Grundkurs: Gebäude

Häuser aus Metall

Gartengerätehaus aus Metall

Wenn Gartengeräte oder Fahrräder nicht in Garage oder Gartenhaus ihren Platz finden sollen, bieten sich kleine Häuschen als solide Unterstellmöglichkeit an. Die Industrie bietet dafür recht brauchbare und bis ins Detail durchdachte Modelle aus Metall an. Die Größenpalette reicht vom nutzbaren Raum her gesehen von 144 × 76 cm bei einer Höhe von 178 cm bis hin zur quadratischen Innenfläche mit einer Seitenlänge von 281 cm und einer Höhe von 190 cm. Dazu kommen dann noch Vordächer mit einer Fläche von 150 × 297 cm. Man kann die Metallkonstruktion auch individuell mit Holz verkleiden.

Grundkurs: Gebäude

Pavillons aus Metall

Metall-Pavillons sehen besonders leicht und zierlich aus, da als tragende Elemente **keine großen Materialquerschnitte** erforderlich sind. Dazu kommen recht große offene oder verglaste Fensterflächen. Sie machen diese Pavillons noch transparenter. Die Dachflächen bestehen häufig aus **Acrylglas**, die tragenden Elemente in der Regel aus **Aluminium**. Der Selbstaufbau ist dank des geringen Gewichts und einer guten Vormontage leicht auszuführen. Große Fundamente sind daher nicht erforderlich, denn man kann den Pavillon auch einfach auf der Wiese aufstellen.

Metall macht's möglich: schlanke und doch tragende Teile

Grundkurs: Gebäude

Pavillons aus Holz

Neben den leichten und luftigen Metall-Pavillons bieten viele Hersteller elegante Modelle aus Holz an. Wegen der großen Zahl der Firmen und der Vielfalt der Formen ist das Angebot kaum zu überblicken. Schon bei der Grundrißgestaltung sind zahlreiche Formen möglich: vier-, sechs- oder achteckige bzw. runde Grundformen finden sich in den Angeboten. Die Vielzahl setzt sich bei der Gestaltung von Außenwänden, den Dachausführungen, der Innenausstattung und den Materialien fort. In allen Fällen wird nach dem Baukastensystem und in Serie gefertigt. Dabei spielt es keine Rolle, ob ein Seitenteil breiter oder schmaler ist oder wieviele Ecken das Bauwerk hat. Das trifft auch für viele Sonderteile zu. Unterschiedliche Preise entstehen in der Hauptsache durch die Verwendung von verschiedenen Materialqualitäten. **Tropenhölzer** sind, wenn sie überhaupt noch angeboten werden, teurer als hei-

Grundkurs: Gebäude

misches **Fichten-** oder **Kiefernholz**. Das gilt auch für ein Reet- oder Kupferdach anstelle einer Abdeckung aus Bitumenpappe. Ein Pavillon dieser Art ist immer ein Blickfang und sollte auf keinen Fall für sich allein stehen, sondern in die Gartengestaltung mit Pflanzen, Teich und anderem integriert werden. Alles zusammen ergibt eine wohnliche, angenehme Umgebung. Wer diese Pavillons nicht kaufen möchte, sollte sich trotzdem ausgiebig damit beschäftigen. Für den Heimwerker bieten sie viele Anregungen.

In vielen Fällen kann man ja auch Einzelteile kaufen, die in einen Selbstbau sehr gut integriert werden können: Fenster und Türen gehören dazu. Will man sich dieser Fertigteile im Eigenbau bedienen, muß man sich nach diesen Formaten richten und bei der Planung z. B. angrenzende Wandteile entsprechend groß dimensionieren.

Grundkurs: Holzbearbeitung

Holzbearbeitung

Die Zusammenstellung und Auflistung aller erforderlichen Teile ist eine wichtige Voraussetzung. Schon allein um sich unnötige Wege zu ersparen, sollte die **Materialliste** sehr gewissenhaft aufgestellt werden. Das bezieht sich natürlich nicht nur auf das Holz, sondern auch auf die vielen Kleinigkeiten, die leicht vergessen werden. Nicht selten kommt es deshalb zu unnötigen Unterbrechungen, weil Kleinteile nicht verfügbar sind. Ist alles geliefert, geht es ans Sortieren. Das gilt weniger für die unterschiedlichen Materialien als für das Holz. Weil Holz ein natürlicher Werkstoff ist, kann es sehr unterschiedlich ausfallen. Besonders dann, wenn man sich zum Kauf einer II. Wahl entscheidet. Weniger hochwertige Teile sollten natürlich nicht gerade auf den ersten Blick zu sehen sein. Bei der Sortierung sollte man auch auf die Beschaffenheit von Stützen, Längs- und Querhölzern, Brettern und Latten achten. Das erspart Ihnen später ein zeitraubendes Suchen.

Wenn davon ausgegangen wird, daß alle Hölzer genau rechtwinklig zugeschnitten sind, muß sicher noch in einigen Fällen angezeichnet werden, wo Schrägschnitte, Einkerbungen, Zapfen und Schlitze herzustellen sind. **Meterstab**, **Bleistift** und **Anschlagwinkel** sind hier die wichtigsten Arbeitsgeräte. Jetzt kommen auch die **Sägen** an die Reihe; doch bei einem bausatz werden nicht mehr viele Schnitte auszuführen sein. Ob mit der Kreis-, Stich- oder Handsäge gearbeitet werden muß, hängt natürlich zum einen davon ab, was zur Verfügung steht, zum anderen läßt sich ein schweres Gerät aber auch nicht überall gut einsetzen. Geht es um präzise kleine Schnitte, sollte viel eher ein Fuchsschwanz verwendet werden. Gehrungsschnitte für Schrägstützen gelingen optimal, wenn Sie eine **Gehrungssäge** oder eine **Gehrungslade** benutzen, in der Sie das Werkzeug präzise zuführen können. Wichtig ist in vielen Fällen ein genau senkrechter und gera-

Holz und Glas – ein außergewöhnlicher Entwurf

Grundkurs: Holzbearbeitung

der Schnitt, genau entlang einer aufgezeichneten Linie. Das gilt besonders für Schlitz- und Zapfenverbindungen.

Bohren
Bohren ist ein weiterer Arbeitsgang. Die Langlöcher für Zapfen oder die vielen Löcher für Schrauben lassen sich mit der **elektrischen Bohrmaschine** ausführen. Der Besitz dieses Gerätes ist ein Muß für jeden Heimwerker. Die Langlöcher für die Zapfen entstehen aus mehreren nebeneinanderliegenden Bohrungen, so daß anschließend lediglich noch ein Grat mit dem Stechbeitel weggestemmt werden muß. Exakt senkrechte Bohrungen gelingen am besten, wenn Sie die Bohrmaschine in einen **Bohrständer** spannen. Ohne eine Schlagbohreinrichtung kommen Sie nicht aus, wenn Sie Beton bohren wollen. **Spezielle Bohrer** für Stein, Holz oder Metall sollte man sich in allen Dicken sortiert und in ausreichender Stückzahl auf Vorrat legen.

Wenn man mit Holz in Berührung kommt, sollte man Handschuhe tragen, um sich nicht daran zu verletzen. Nicht immer ist es angebracht, gehobelte Hölzer zu verwenden, obwohl man auch bei diesen nicht vor scharfen Kanten und Splittern sicher sein kann. Auch an gehobelter Ware sind die Kanten noch nicht gebrochen. Sie können dies mit einem Hobel oder mit grobem Schleifpapier nachholen.

Ebenso arbeiten Sie mit Schleifpapier nach, wenn Sie noch unebene Stellen, Splitter, Handabdrücke oder Bleistiftmarkierungen entfernen wollen.

Die Terrasse wächst zur Laube zu

Erst wenn alle Teile sauber geschliffen sind, sollte mit der Oberflächenbehandlung begonnen werden. Für eine gute und gleichmäßige Verteilung der Anstrichmittel eignen sich breite Pinsel besonders gut. Die Flüssigkeit soll gleichmäßig in das Holz eindringen, aber nicht heruntertropfen. In der prallen Sonne sollen Holzschutzmittel nicht verarbeitet werden.

Grundkurs: Dächer

Gut bedacht

Bei allen Überlegungen, die die Wände betreffen, darf natürlich die Ausführung eines Daches nicht außer acht gelassen werden. Was die Form betrifft, wird wohl in der Regel das flach geneigte Dach bevorzugt. Gegenüber dem Flachdach hat man die Sicherheit, daß Regen oder Schmelzwasser schnell abfließt. Eine **Regenrinne** ist auf jeden Fall erforderlich, damit der angrenzende Erdboden nicht zu sehr durchfeuchtet wird und in der Folge sogar versumpft. Als negative Begleiterscheinung würde das Spritzwasser auch noch anliegende Holzwände schädigen.

Flach- und Pultdach

Zwischen dem Flach- und dem Pultdach gibt es abgesehen von der Neigung nur geringe Unterschiede. Ein **Pultdach** ist ein einflächiges Dach, das **in eine Richtung** geneigt ist. Für einen geordneten Wasserablauf genügt schon eine Dachneigung von 2 bis 3 Prozent. In der Regel wird das Wasser zur Rückfront hin abgeführt. Wenn größere Schneelasten berücksichtigt werden müssen, sollte allerdings eine größere Dachneigung eingeplant werden. Will man aus optischen Gründen das leicht geneigte Dach verbergen, kann man ringsum an den Seiten eine Blende anbringen. Sie muß selbstverständlich so breit ausgeführt werden, daß sie die dahinter befindliche Schräge komplett verbirgt. Will man die Fassade des Hauses weiter aufwerten, werden diese Blenden mit Schieferplatten, Holzschindeln oder mit anderen Erzeugnissen verkleidet. Der Unterbau ist für die Befestigung in jedem Fall ausreichend.

Giebel- oder Satteldächer

Ein Satteldach ist mit seinen vielen Eindeckungsmöglichkeiten ein viel interessanterer Anblick. Bedeutend stärker fällt hier die Dachneigung aus. Unter dem Dach kann man meist noch einen Abstellraum vorsehen. Der Einbau einer Zwischendecke reicht hierfür meist aus. Eine einfache Klappe in der Decke oder eine Öffnung in der Giebelwand können praktische Zugänge sein. In vielen Fällen allerdings werden Gartenhäuser mit einem – von innen her betrachtet – offenen Dach gebaut. Dies ist nicht nur ein Kostenfaktor, sondern auch eine interessante gestalterische Komponente, denn in diesem Fall sieht man auch die Dachschrägen und die Konstruktion. Der Innenraum wirkt hierdurch erheblich größer.

Um diese Wirkung auch von der äußeren Ansicht her zu erreichen, werden die Dächer flach gehalten und mit einem großen Dachüberstand versehen. Die Giebelbretter sind häufig durch Einkerbungen, Schnitzereien oder Malereien verziert. Für die **Dacheindeckung** bieten sich neben **Bitumenpappe**, **Dachschindeln**, **Wellplatten**, **Dachziegeln** in den verschiedensten Formen und Farben auch **Reet** oder **Kupfer** an.

Welche Neigung ein solches Dach erhält, kann der Bauherr selbst festlegen. Falls man nicht gerade eine zu geringe Neigung wählt, hat sie keinen Einfluß auf eine Eindeckung mit Ziegeln. Die Hersteller von Dachziegeln geben für jedes ihrer Produkte eine Mindestneigung vor. Hat man sich für ein Satteldach entschieden, sollte es aber auch entsprechend deutlich zur Geltung kommen und eine Neigung bis zu 45 Grad aufweisen.

Die **Rinnen** und **Rohre** fallen kaum ins Auge, wenn man sie entweder aus **Kupfer** oder aus **Kunststoff** in der passenden Farbe wählt. Man bekommt das Material mit allem erforderlichen Zubehör samt Anleitung im Baumarkt oder Baustoffhandel. **Ent-**

Grundkurs: Dächer

Breites Pultdach

Aluminiumdach

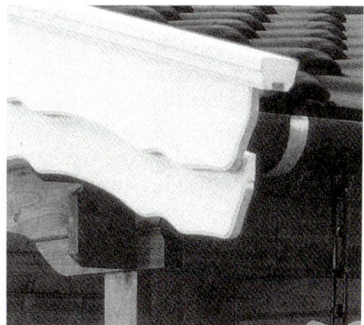
Dachdetail

wässerungsrohre als Zuleitung für die Kanalisation sollte man beim Erstellen der Materialliste nicht vergessen.

Sonderformen

Neben diesen sogenannten Standarddächern gibt es natürlich noch viele Sonderformen, die in der Herstellung schon etwas aufwendiger sind. In diesem Zusammenhang denke man beispielsweise an **Rundformen** oder **spitz zulaufende Dächer** von Pavillons. Bei den in der Regel etwas kleineren Dachflächen können auch aus optischen Gründen schon einmal die Rinnen entfallen. Ansonsten sollten sie möglichst verdeckt oder in die Konstruktion mit einbezogen werden. Das gilt auch für die Fallrohre. Eventuell verwendet man sogenannte **Kastenrinnen**. Sie sind eben nicht halbrund, sondern eckig. Der Nachteil ist jedoch, daß es im Winter leicht zu Schäden kommen kann, wenn in einer solchen Rinne Stauwasser gefriert. Das Eis kann sich hier nicht so gut ausdehnen wie in der halbrunden Rinne, und es kommt schnell zu Schäden. Man kann sich die Rinnen auch aus Holz bauen und innen mit Zinkblech oder Bitumenpappe auskleiden. Wichtig ist dabei natürlich, daß Sie eine wasserdichte Lösung bewerkstelligen. Die Rinnenkästen lassen sich aus 10 cm breiten Brettern fertigen. Besser ist jedoch eine U-Form. Wie bei den Metallrinnen müssen auch die Holzrinnen an den Enden einen seitlichen Abschluß erhalten: Man kann Holzstücke mit wasserfestem Leim einsetzen. Zusätzlich sollte mit einem Dichtmittel gestrichen werden.

Das Regenwasser läßt man später von der Rinne aus entweder an einer **Kette** herabrieseln, oder man baut **Fallrohre** an der gewünschten Stelle ein.

Bevor man ans Werk geht, sollte man eine Skizze machen, wo sich tragende Stützen befinden, auf die man das Dach aufsetzen und verankern kann. Wählen Sie eine anspruchsvolle Dachform, sollten Sie auch ein besonderes Augenmerk auf eine effektive Verankerung legen. Ein solches Dach hat keine größeren Belastungen auszuhalten. Durch die passende Dacheindeckung gibt man dem Dach den letzten Schliff.

Grundkurs: Dächer

Abdichten oder eindecken

Ganz gleich, welche **Dacheindeckung** Sie aus den nachstehend aufgeführten Vorschlägen auch auswählen: Sie haben sich alle bewährt. An der Qualität sollten Sie beim Eindeckmaterial fürs Gartenbauwerk wirklich nicht sparen, denn die Flächen sind ohnehin recht klein, so daß der Preis kaum ins Gewicht fällt.

Bitumenpappe
Die einfachste, aber auf keinen Fall schlechteste Lösung ist ein Wetterschutz durch eine Abdeckung aus Bitumenpappe. Dabei kann man meist wählen zwischen Standardfarbe Schwarzgrau und einer grün oder rostbraun eingefärbten Ausführung. Die Pappen sind besandet, um sie gegen die UV-Strahlen des Sonnenlichts unempfindlicher zu machen. Im Laufe der Zeit kommt es jedoch zu einer Versprödung des Materials. Aus dem gleichen Material sind auch **Schindeln** erhältlich, die denen aus Holz oder Stein nachempfunden sind.

Zur Verarbeitung
Die Pappen können im Dachbereich nur auf einem **festen Unterbau** verarbeitet werden. In der Regel sind das 20 bis 25 mm dicke Bretter, die mit Nut und Feder auf die Dachbalken oder Sparren genagelt sind. **Die Feder sollte dabei immer nach oben zeigen.** Bei dieser Gelegenheit legt man die Dachgröße und alle Dachüberstände fest. Ob die Bretter jetzt genau auf Länge zugeschnitten und dann angenagelt oder ob sie später erst beschnitten werden, können Sie selbst entscheiden. Wichtig ist auf jeden Fall, daß die Kanten einen gleichmäßigen Beschnitt erhalten.

Die untere Seite der Bretter ist in der Regel die Ansichtseite für den Innenraum, es sei denn, Sie planen noch eine zusätzliche Verkleidung aus Profilhölzern oder ähnlichem. Bleiben die Balken sichtbar, sollten sie gehobelt sein

Die Pappe wird in 1 Meter breiten Rollen beschafft. Mit einem speziellen Bitumenkleber klebt man sie vollflächig auf die Dachfläche, wobei am unteren Ende bzw. an der unteren Kante begonnen wird. Danach klebt man die nächste Bahn mit einer **Überlappung von**

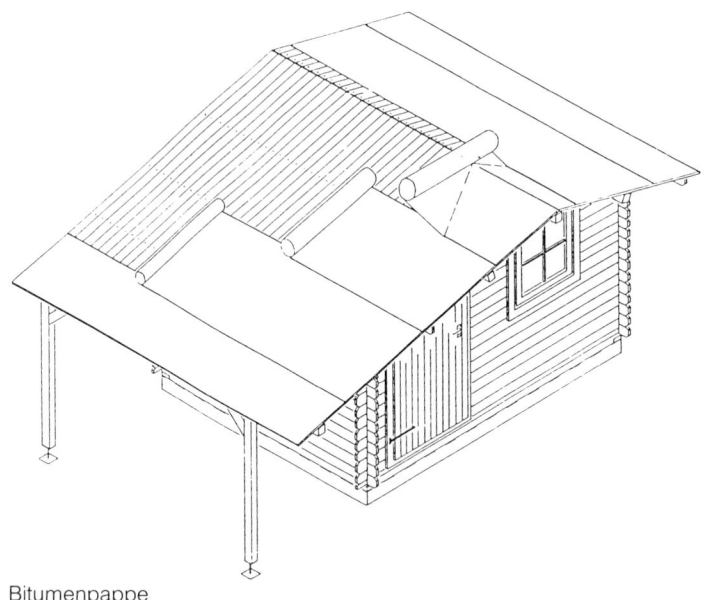

Bitumenpappe

Grundkurs: Dächer

Holzschindeln

Ziegeldach

etwa 10 bis 15 cm auf. Am besten berechnen Sie der Rollenbreite entsprechend vorher, wieviele Bahnen auf der gesamten Dachfläche gebraucht werden und wie breit die Pappe überlappen kann, ohne allzu viel Material zu verbrauchen. Der Kleber sorgt auch zusätzlich dafür, daß die Fugen dicht sind.

An Seiten und Unterkante bördelt man die überstehende Pappe um das Holz herum und nagelt sie an der Unterseite fest. Da dieser Abschluß nicht gerade schön aussieht, wird er am besten durch die schon erwähnten Blenden verdeckt. Da die Blenden an den nur 20 bis 25 mm dicken Dachbrettern keinen ausreichenden Halt finden, ist eine Verstärkung nötig. Dazu werden 40 mm dicke Hölzer an die Unterseite der Bretter geschraubt oder genagelt. Eine solche Ausführung ist auch dann erforderlich, wenn **Schieferplatten oder Schindeln** als Dachverkleidung aufgenagelt werden sollen. Auch dann beginnt die Eindeckung an der unteren Kante des Daches. Nur so ist sichergestellt, daß das Regenwasser nicht unter die Ein-

deckung gerät. Schiefer oder Schindeln eignen sich selbstverständlich nicht für flache Dächer, denn der Wind könnte so das Wasser leicht unter die Abdeckung drücken. Die Dachpappe eignet sich jedoch sowohl für Flach- als auch für Steildächer.

Eindeckung mit Ziegeln
Dachziegel kann man **ausschließlich für Steildächer** verwenden. Es gibt Ziegel im Handel, die schon bei einer Neigung von nur 10 Grad ausreichend dicht liegen. Bei etwa 45 Grad liegt die größtmögliche

Grundkurs: Dächer

Dachneigung. Üblicherweise liegen die Dachneigungen **zwischen 28 und 45 Grad**. Auf Art, Form und Farbe von Ziegeln soll hier nicht näher eingegangen werden. Sie sollten sich aber schon einmal die Vielfalt der Möglichkeiten im Baustoffhandel oder Dachdecker-Einkauf anschauen.

Damit die Ziegel festen Halt finden, nagelt man **Dachlatten** auf. Der **Sparrenabstand sollte 60 cm nicht überschreiten**. Wie weit die Distanz zwischen den einzelnen Dachlatten sein muß, richtet sich nach den Ziegeln und nicht zuletzt nach der Breite des Daches. Da muß in der Regel vermittelt werden, damit man überall mit den Sollmaßen zurechtkommt. Dies müssen Sie festlegen und markieren, bevor Sie endgültig mit der Befestigung der Latten beginnen. Für einen **seitlichen Abschluß** legt man **spezielle Ziegel** auf, die rechts oder aber links zum Giebel hin eine rundgeformte Kante besitzen. So entsteht ein optisch guter Abschluß, und eine zusätzliche Blende ist nicht erforderlich.

Vergessen Sie bei der Zusammenstellung der Materialliste die Firstziegel nicht. Eine Unterspannbahn samt Konterlattung und eine Wärmeisolierung ist bei Gartenhäusern nicht nötig. Was jedoch manchen stören mag, ist der Anblick der unverkleideten Eindeckung. Hier hilft nur eine Innenverkleidung mit Profilholz oder Deckenplatten; je nach Dachgröße kommt natürlich auch eine Zwischendecke in Frage. Anbringungsmöglichkeiten sind überall vorhanden.

Dacheindeckung mit Kunststoff oder Glasplatten

Das Prinzip des Aufbaus bleibt gleich. Allerdings braucht man **keine Dachlatten**, da die Platten unmittelbar auf den Sparren befestigt werden. Für Wellplatten bekommt man spezielle Verlege- und Arbeitsanleitungen. Ebenso sind auch verschiedene Zusatzelemente wie seitliche Abschlüsse, Firstabdeckungen und Endstücke für flachgeneigte Dächer erhältlich. Dazu kommen noch viele andere Teile, die aber für ein normales Gartenhaus kaum in Frage kommen. Achten Sie beim Kauf darauf, ob die klare oder transparente Wellplatte eine zusätzliche Querlattung benötigt, um sie entsprechend stabil und windfest montieren zu können.

Leider ist bei diesem Material nicht zu vermeiden, daß der Bereich der Überlappung mit der Zeit unweigerlich verschmutzt, was natürlich von unten betrachtet nicht gerade gut aussieht.

Wellplattendach

Grundkurs: Dächer

Reetdach

Glatte Kunststoffplatten

Sie werden auf die Sparren befestigt bzw. durch Klemmprofile mit Moosgummidichtung gehalten. Sie müssen darauf achten, daß die Platten in Längsrichtung genau über einem Sparren oder einem anderen tragenden Teil aneinanderstoßen. Bei der Dachplanung muß also auch berücksichtigt werden, in welchen Fertigmaßen die Platten im Handel erhältlich sind. **Normale Glasscheiben darf man auf keinen Fall als Dachabdeckung verwenden!** Man bedenke die Unfallgefahr durch heruntergefallene Glassplitter. Bei massivem **Acrylglas**, **Stegdoppelplatten** oder **Drahtglas** hat man dagegen nichts zu befürchten. Wie vom Wintergarten her bekannt, wird es unter diesen Dächern sehr heiß. Wegen der großen Temperaturunterschiede können sich die Platten erheblich ausdehnen oder zusammenziehen. Damit trotzdem alles dicht bleibt, sollte in schwierigen Fällen ein Fachmann hinzugezogen werden.

Kupfer- oder Zinkabdeckung

Ein Kupferdach sieht natürlich besonders edel aus, doch hat man dafür einen stolzen Preis zu zahlen, denn nicht nur die Material-, sondern auch die Lohnkosten sind erheblich. Eine Selbstverlegung ist hier nicht zu empfehlen, denn besondere Techniken sind erforderlich, damit das Buntmetall so flexibel angebracht wird, daß es die enormen Temperaturunterschiede ohne Schwierigkeiten aushält. Selbst wenn das Material zunächst auch ordentlich verlegt scheint, so zeigen sich Verwerfungen oder aufgeplatzte Nähte erst dann, wenn extreme Belastungen im Sommer oder Winter auftreten. Die durch Aufkantungen und andere Maßnahmen speziell hergerichteten Bleche können nur mit geübter Hand und mit speziellem Werkzeug erstellt werden, und dazu ist längst nicht einmal jeder Dachdecker geschult.

Reetdach

Ein Stroh- oder Reetdach vermittelt ein besonderes Ambiente. Die ordentliche Herstellung ist auch hier keine ganz einfache Sache, doch wer die Verarbeitungstechnik einmal beobachtet hat und gewissenhaftes Arbeiten gewöhnt ist, wird sich das schon eher zutrauen. Als Halt für das Reet nagelt man zuerst Dachlatten auf die Sparren. Das etwa armdicke Reetbüschel wird geknickt, keinesfalls gebrochen, mit Draht umwickelt und an die Latten gebunden. Wie immer wird auch hier an der unteren Dachkante begonnen. Um eine gleichmäßige Fläche zu erhalten, muß mit der Schere schon einmal nachgeschnitten werden.

Grundkurs: Dachbegrünung

Dachbegrünung

Begrüntes Dach

Die flachen Dächer von Gartenhäusern, Lauben und Pavillons werden, wenn man einmal von den bewachsenen Laubengängen absieht, nur selten für Anpflanzungen genutzt. Sie haben nur eine Schutzfunktion, und das ist jedoch bei dem knappen Angebot an begrünten Flächen viel zu wenig. **Begrünte Dächer**, ganz gleich ob als Steil- oder Flachdach ausgeführt, haben nicht nur einen guten Einfluß auf das Klima in unserer näheren Umgebung, sondern bieten ein Stück Natur fürs Auge, wenn sie entsprechend fachmännisch angelegt sind. Dazu bieten einige Hersteller komplette Pakete mit allen benötigten Materialien einschließlich der Pflanzen an.

Zum Aufbau

Zuerst muß die Tragfähigkeit des Daches überprüft werden. Bei der extensiven Begrünung ist wegen der **geringen Bodenhöhe** keine große Belastung zu erwarten. Bei den Stützweiten der Gartenhäuser sind die Gewichte problemlos aufzubringen, ohne daß ein Schaden zu befürchten ist. Ein Substrat aus Mutterboden und Blähton wiegt bei einer Dicke von 5 cm etwa 50 kg pro m^2. Der zweite wichtige Punkt ist die **Sperre für die Durchwurzelung**. Dazu werden spezielle Folien angeboten, die sich mittlerweile längst als wirksamer Schutz gegen Pflanzenwurzeln bewährt haben. Bei Dächern ohne Gefälle wird oberhalb der Folie eine Drainage aufgebaut, damit die bepflanzte Fläche nicht durch Stauwasser versumpfen kann. Das überschüssige Regenwasser wird hierin gespeichert. Diese Schicht besteht aus Blähton, Lava oder ähnlichen Materialien. Damit das feinkörnige Substrat nicht in die Drainage eingewaschen wird, muß unbedingt ein Vlies als Filter darübergelegt werden. Mit zusätzlichen Nährstoffgaben durch Düngung ist sparsam umzugehen, da die Dachbegrünung nicht zu üppig werden soll. Bei der Bepflanzung dürfen auf keinen Fall normaler Rasen oder gewöhnliche Gartenpflanzen eingesetzt werden. Sie würden die nächste Trockenperiode, mit der ja immer zu rechnen ist, nicht überleben, da auf dem Dach keine tiefgreifende Erdfeuchte vorhanden ist. Nur anspruchslose Pflanzen überstehen Trockenzeiten und entwickeln sich weiter, wenn wieder Wasser zur Verfügung steht. Durch

Grundkurs: Dachbegrünung

Samenflug wird die Dachbegrünung vorteilhaft ergänzt.

Einige Pflanzen
Einige der aufgeführten Pflanzen werden nur 5 cm hoch. Große Pflanzen sind empfindlicher und für die Dachbegrünung überwiegend ungeeignet:

Steinwurz (blüht gelb), Scharfer Mauerpfeffer (gelb), Weiße Fetthenne (weiß), Fuldaglut (rot), Dachswurz (rosarot), Feldthymian (rot) und Kugelsteinrose (gelb). Vorwiegend handelt es sich um **Sedum-Gewächse**. Unter der deutschen Bezeichnung kann das Gewächs auch unter anderem Namen geführt werden.

Wie bereits erwähnt, sind bei der extensiven Begrünung im Gegensatz zu der intensiven Begrünung kaum Schwierigkeiten hinsichtlich des Gewichtes zu erwarten. Ein weiterer Vorteil besteht darin, daß die normale Abdeckung aus Bitumenpappe vor der zerstörenden Wirkung der UV-Strahlen geschützt wird. Eine Kiesschüttung, wie sie sonst üblich ist, ist nicht mehr nötig. Außerdem bleibt es unter einem solchen Dach im Sommer bedeutend kühler: Es hat eine große **Dämmwirkung**.

Fast schon Wiesen auf dem Dach

Grundkurs: Bepflanzung

Wandbegrünung

Rankhilfen mit Kletterpflanzen

Die Bepflanzung sollte schon bei der ersten Planung mit in die Gestaltungsüberlegungen einbezogen werden. Gegebenenfalls sind für **rankende Pflanzen** gleich die entsprechenden Rankhilfen zu integrieren. Lauben, Laubengänge und oft auch Pergolen wären ohne eine reiche Bepflanzung gar nicht denkbar. Doch viele der Rankpflanzen sind nicht pflegeleicht und müssen ausgelichtet oder zurückgeschnitten werden.

Noch einige Vorbemerkungen
Klettergehölze, Schlinger, Ranker, Lianen und Reben sind Gewächse, die sich nicht selber aufrecht halten können. Sie brauchen Wände, Mauern, Rankgerüste oder Bäume als Halt, da die Triebe zu dünn und zu schwach sind. Ist dafür gesorgt, entwickeln sie sich ausgezeichnet. Sie halten sich mit Haftwurzeln, Dornen oder Ranken. Die Schlinger finden dadurch die Stütze, indem sie sich, wie der Name unschwer erraten läßt, an Stäben oder anderen Trieben hochwinden. Es entstehen regelrechte Spiralen. Einige dieser Gewächse bilden nur Blätter, die sich im Herbst sehr schön verfärben, andere sind blütenreich. Bei der Entwicklung spielen der Standort und das Nährstoffangebot eine wichtige Rolle. Hier nun einige Beispiele.

Waldrebe (Clematis)
Die Blüten, die einen Durchmesser bis zu 6 cm erreichen können, sind es, die diese Pflanzen so beliebt gemacht haben. Von weiß, rosa, rot, bis hin zu blau und violett sind sie in allen Farben erhältlich. Bei dieser Blütenpracht spielen die Blätter nur eine untergeordnete Rolle. Die Hauptblütezeit liegt zwischen Juni und Oktober. Wichtig ist der Standort. Der Wurzelbereich soll im Schatten liegen. Bei einer Wandberankung darf nicht zu

Grundkurs: Bepflanzung

dicht an die Wand gepflanzt werden. Zuviel Sonne und Hitze läßt die Blüten vorzeitig abfallen. Im Winter trocknet die Waldrebe fast vollständig aus.

Schlingenknöterich

Wer sein Rankgerüst oder seine Laube in kurzer Zeit zugewachsen haben möchte, sollte diese schnell wachsende Rankpflanze wählen. Die Zweige tragen viele weiße Blüten, und es können beeindruckende weiße Blickfänge entstehen. Pflanzen, die üppig blühen und wachsen sollen, brauchen allerdings auch ein entsprechend großes Angebot an Nährstoffen. Die Zweige des Schlingenknöterich werden mehr als 5 Meter lang. Er blüht von August bis in den Oktober. Zu empfehlen ist in jedem Jahr ein **Rückschnitt**, denn sonst läßt die Blühfreude nach, und er wuchert zu stark.

Kletterrose (Rosa)

Neben der Blütenmenge und -pracht stehen die Farben im Mittelpunkt. Die Blühzeit beginnt schon im Juni und endet im Oktober mit den ersten Nachtfrösten. Die Entwicklung ist stark vom Standort und den Bodenverhältnissen abhängig. Rosen brauchen intensive Pflege, wenn man sich lange an ihnen erfreuen möchte. Verblühte Rosen sind aus optischen Gründen zu entfernen. Im Herbst ist ein **Rückschnitt** erforderlich. An den Rankgerüsten halten sich die Rosen nicht selbst; sie müssen angebunden werden. Wegen des großen Gewichtes sind stabile Haltegerüste erforderlich. Durch die sogenannten »Öfterblühenden« wird die Blütezeit verlängert. Bei diesen sind die Blüten allerdings manchmal kleiner. Das Farbangebot reicht von weiß über gelb bis hin zu vielen Rottönen. Eine reine Südlage sollte vermieden werden, da zuviel Sonne die Blüten schneller welken läßt.

Als weitere Rankpflanze sollte der **Wilde Wein** nicht unerwähnt bleiben. Er zeichnet sich durch die

Pergola

Grundkurs: Bepflanzung

Rankhilfen

schöne Herbstfärbung seiner Blätter aus.

Das **Efeu** eignet sich gut zur Bedeckung großer Flächen. Für eine besonders schnelle Begrünung von Mauer und Holzflächen eignen sich hervorragend die sogenannten **Einjährigen**. Dies sind Pflanzen, die in einem Jahr ihre Entwicklung komplett durchlaufen.

Glockenrebe
(Cabaca scandens)
Gleich vier bis fünf Meter lang werden die Triebe dieses recht blühfreudigen Rankers. Hellviolette oder weinrote Blüten verschönen eine bewachsene Wand oder eine Laube vom Juni bis in den September. Für diese enorme Entwicklung ist ein entsprechend nährstoffreicher Boden Voraussetzung. Oftmals kommt man hier nicht um eine Nachdüngung herum.

Zierkürbis
Hier sind es nicht die langen Triebe oder die großen Blätter und Blüten, sondern die **eigenwillig geformten und gefärbten Früchte**, die den Betrachter beeindrucken. Im Gegensatz zu den bekannten Gartenkürbissen sind diese Früchte allerdings nicht genießbar. Die Früchte sollten erst im Herbst geerntet werden. Der Entwicklung der Pflanze kann man fast zusehen, so schnell wächst sie. Auch hier ist ein warmer sonniger Standort und ein lockerer Boden Voraussetzung für die üppige Entwicklung. Empfehlenswert ist auch hier ein regelmäßiges Düngen. Das Gewicht der Früchte kann die Pflanze auf den Boden herunterziehen. Da diese Entwicklung frühzeitig absehbar ist, kann durch Hochbinden dagegen etwas unternommen werden.

Wicke *(Latorus odoratus)*
Die außerordentlich große Zahl der Blüten und die Farbenpracht ist hier besonders hervorzuheben. Die Blätter treten fast ganz in den Hintergrund. Der Samen sollte, um diese Vielfalt an Farben zu erhalten, auch als Farbmischung gekauft werden. Um die Blütezeit zu verlängern, werden die Samenkörner nicht gleichzeitig in die Erde gebracht. Die Wuchshöhe beträgt 100 cm. Als Rankhilfe bietet sich ein Maschendrahtgitter an.

Grundkurs: Bepflanzung

Wilder Wein als Wandberankung

Arbeitsanleitung: Laube

Überdachten Freisitz komplett selbst bauen

Material
Holz (Fichte, nach Stückliste), Nägel (50 u. 80 mm lang), Bitumenpappe und Flachkopfnägel, Anker, Dachrinne mit Fallrohr, Anschraubwinkel.

Werkzeug

Schwierigkeitsgrad

Kraftaufwand

Arbeitszeit
(allein) nur für Holzarbeiten, ohne Fundament
5 Tage = 40 Std.

Ersparnis
rund 600 Mark.

Materialliste für die Holzteile

3 Pfosten H.	100 mm Fichte	210 × 19 cm
2 Pfosten V.	100 mm Fichte	230 × 10 cm
2 Pfosten S M.	100 mm Fichte	220 × 10 cm
8 Querriegel V + H	100 mm Fichte	160 × 10 cm
8 Querriegel S.	100 mm Fichte	150 × 10 cm
5 Sparren	100 mm Fichte	370 × 10 cm
2 Schrägstreben	100 mm Fichte	110 × 10 cm
Verbretterung S.	20 mm Fichte	5,5 qm
Verbretterung H.	20 mm Fichte	11,0 qm
Dachverkl.	20 mm Fichte	15,0 qm

Als Sitzplatz im Garten bietet sich längst nicht nur eine Terrasse direkt am Haus an. Ist der Garten ausreichend groß, kann man sich natürlich auch eine Laube schaffen, die eine gemütliche Sitzecke vor Sonneneinstrahlung und Regen schützt.

Arbeitsanleitung: Laube

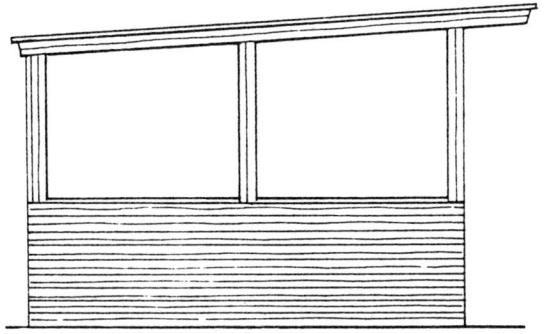

Halbhohe Wandverkleidung

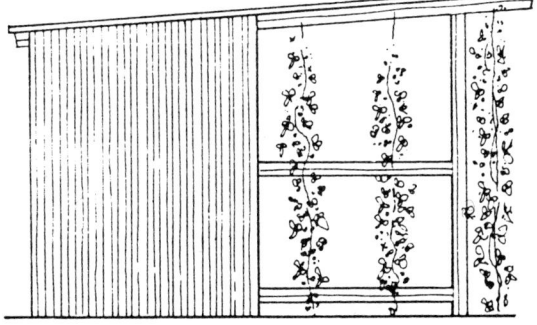

Offene Berankung

Von einer überdachten Fläche von ca. 12 bis 15 m² sollte man bei der Planung ausgehen. Damit es bei mäßiger Luftbewegung nicht gleich zieht, kann man je nach den örtlichen Gegebenheiten 1 bis 3 Seiten durch eine Verkleidung schließen. Natürlich kann und sollte ein Teil der Wandflächen aus **Rankgerüsten** oder dichten Heckenpflanzungen bestehen.

Schon wegen der Bodenfeuchte sollte man auf einen **festen Unterbau** aus Ziegeln, Platten oder Holzfliesen großen Wert legen. So leicht das kleine Bauwerk auch ist: Auch dafür kann man durchaus ein Fundament vorsehen. Für die Balkenkonstruktion werden **gehobelte Hölzer** verwendet. Die Verkleidung besteht aus sogenannten Hobeldielen mit Nut und Feder oder einer rauhen Stülpschalung. Sie sieht besonders rustikal aus. Für die Dachdeckung können Sie zum einen Wellplatten wählen, zum anderen geht es natürlich auch massiver mit einer Brettschalung samt Dachpappe.

Die Kopfhöhe bzw. der freie Durchgang beträgt 2 Meter. Maßänderungen in allen Richtungen sind natürlich ohne weiteres möglich. Es ist ein einheitlicher Querschnitt für alle Balken gewählt worden: Das vereinfacht den Nachbau. Man könnte die Querstreben oder die Sparren auch etwas schwächer dimensionieren, doch würde sich dies bei der kleinen Holzmenge im Preis kaum niederschlagen, und außerdem können keine Verwechslungen beim Zusammenbau auftreten. Wird die überdachte Laube nach diesem Konzept gebaut, bietet die Materialliste eine gute Unterstützung beim Einkauf. Wollen Sie davon abweichen, müssen Sie natürlich daran denken, die Liste entsprechend zu ändern. Eine kleine Skizze hilft zusätzlich, Irrtümer zu vermeiden, denn man kann dann die neuen Maße am besten überprüfen. Die Maße einzelner Bauteile sind so berechnet, daß Sie die Teile mit Anschraubwinkeln und Verbindungsblechen zusammenbauen. Wollen Sie jedoch nach alter Zimmermannskunst mit Schlitz und Zapfen arbeiten, sind die Längen für die Zapfen der angegebenen Bauteillänge hinzuzurechnen.

Arbeitsanleitung: Laube

Die fertig zugeschnittenen Hölzer werden so sortiert, daß man sie beim Zusammenbau der Reihe nach griffbereit hat. Mit Meterstab, Bleistift und Anschlagwinkel zeichnet man an, wo gezapft und wo geschlitzt werden muß. Stützen sind am oberen Ende gezapft, damit die Dachbalken mit ihren Langlochbohrungen aufgesteckt werden können. Im übrigen erhalten die Stützen Schlitze, damit die allesamt gezapften Querriegel eingesetzt werden können.

In den beiden **Außenrahmen** befinden sich je eine senkrechte **Mittelstütze** und vier Querriegel. Sie begrenzen beispielsweise die Fensteröffnung des rechten Rahmens. Hier wird später eine waagerechte oder senkrechte Verbretterung angebracht. Die Fensteröffnungen lassen sich zusätzlich mit Fensterbänken ausstatten. An der anderen Seite gestaltet man die Wand durch Spanndrähte, damit die Seite von üppigen Rankpflanzen bewachsen werden kann.

Die Rückwand ist ganz geschlossen, so daß die aus Stützen und Querriegeln bestehenden Rahmen komplett mit den Nut- und Federbrettern beplankt werden. An der Vorderfront bringt man oben rechts und links jeweils eine Querstrebe an, damit die Stabilität gewährleistet ist. Dazu kommen noch zwei Querriegel, die jedoch später hinter einer Verkleidung verschwinden. Ein Teil der Vorderfront kann mit weiteren Querriegeln versehen und geschlossen werden, man kann aber auch wiederum Spanndrähte oder einen großen Blumenkübel anbringen und die Seite bepflanzen.

Damit die Dachplatten gut verankert werden können, sind fünf Sparren auf den oberen Rahmen aufgesetzt. Man schraubt sie am besten mit Hilfe handelsüblicher Balkenschuhe an.

Montage
Der Schwierigkeitsgrad der Montage hängt davon ab, ob eine **Hilfskraft** zur Verfügung steht. Setzt man das Haus auf ein Ringfundament, sollten die Anker noch nicht eingelassen sein, damit man noch etwas Bewegungsspielraum hat. Der erste Außenrahmen wird aufgesetzt und durch Stützlatten oder eine Hilfskraft in der Senkrechten gehalten. Die drei hinteren und das vordere obere Querholz werden mit Leim in die Zapfenlöcher gesteckt und anschließend der Mittelrahmen angesetzt. Das Gerüst steht jetzt bereits ohne Stützen. Die nächsten Querhölzer werden eingesetzt und der Außenrahmen mit

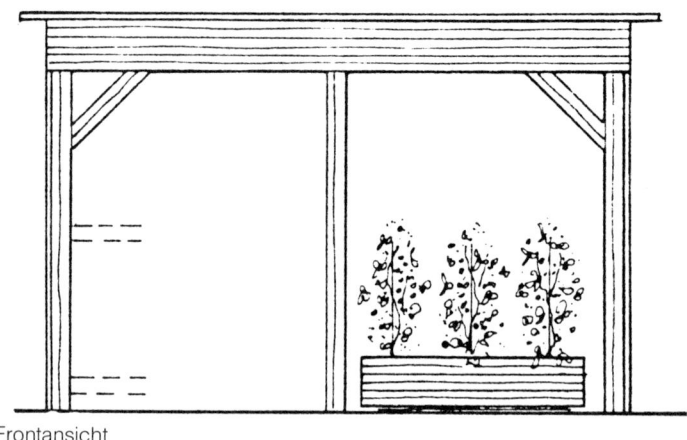

Frontansicht

Arbeitsanleitung: Laube

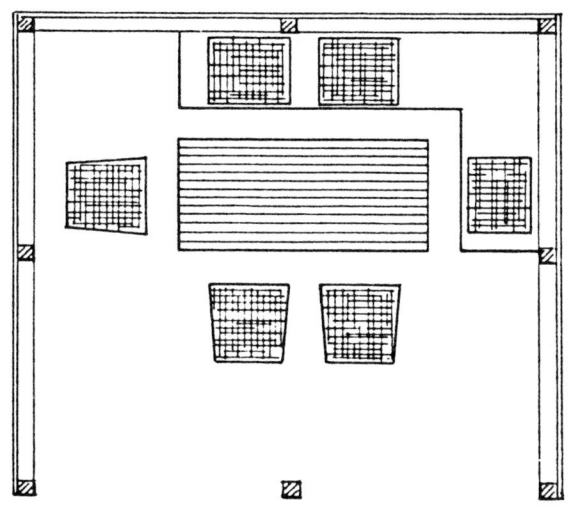

Grundriß

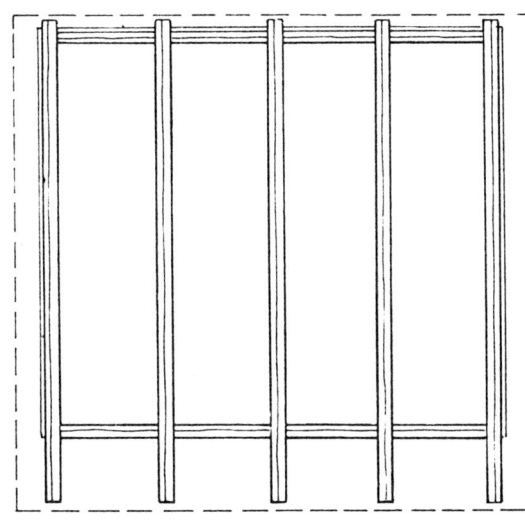

nötige Dachbalken

diesen Hölzern verbunden. Wichtig ist, daß alle Querfugen zwischen den Riegeln und den senkrechten Stützen dicht sind. Da kaum jemand so große Spannvorrichtungen besitzt, muß mit Hilfe eines Spanndrahtes und einem Knebel das Gerüst zusammengedrückt werden. Die Verbindung wird zusätzlich durch einen Nagel gesichert, der durch die Stütze und den Zapfen getrieben wird. Auch hier sind wieder Diagonalmessungen zur Feststellung des rechten Winkels angebracht. Das Dach besteht aus fünf Sparren, die mit 20 mm dicken Nut- und Federbrettern beplankt werden. Darauf klebt man Bitumenpappe mit entsprechender Überlappung, wie dies bereits im Kapitel »Abdichten oder Eindecken« beschrieben ist.

Auch hier sei noch einmal erwähnt, wie wichtig der »konstruktive Holzschutz« ist. Das beginnt damit, daß die Stützen der Laube auf Anker gesetzt werden, die ausreichenden Abstand zum Fundament halten. So kann das Spritzwasser abtropfen und das Stirnholz immer wieder ablüften. Wird darauf nicht geachtet, kommt es im Laufe der Zeit unweigerlich zu Schäden, denn das Holz würde trotz Anstrich irgendwann faulen.

An anderen Stellen sollte Regen erst gar nicht ins Stirnholz tropfen können. Das können Sie z. B. durch einen breiten Dachüberstand verhindern. Längshölzer setzt man überall dort als Regenabweiser auf, wo Pfosten oder Profile geschützt werden müssen.

Beispiel: Wenn Sie ringsum die untere Hälfte der Laube verkleiden wollen, setzt man als Abdeckung breite Fensterbänke darüber.

Arbeitsanleitung: Pavillon

Ein einfacher Pavillon

Material
Fichte/Tanne. Anschraubwinkel, Schrauben, Nägel. 4 Anker aus Flacheisen, evtl. Glasscheiben.

Werkzeug

Schwierigkeitsgrad

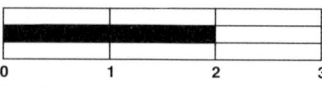

Kraftaufwand

Arbeitszeit
Ohne Dach 16 Std.
Mit Dach 32 Std.

Ersparnis
Ohne Dach 400 Mark
Mit Dach 700 Mark

Ein schlichtes Gebäude kann durchaus ein schöner Beitrag innerhalb der Gartenlandschaft sein. Dafür bedarf es auch keiner komplizierten Rund- oder gar Achteckform. Die hier vorgestellte Konstruktion läßt alle Wünsche offen: Sie können sie Punkt für Punkt übernehmen oder auch nach eigenen Vorstellungen abändern. Möglich ist das sicher im Dachbereich, denn dort ist fast alles machbar. Auch für die Wände können Sie eine vieleckige Variante mit einer anderen Außenverkleidung ausarbeiten.

Wie auch später beim Gartenhaus wird zunächst einmal eine leicht durchschaubare Grundkonstruktion vorgestellt, die lediglich zur Orientierung dienen soll, falls Sie einen Pavillon komplett selbst bauen wollen.

Im Anschluß an den kompletten Selbstbau stellen wir Ihnen vorgefertigte Bausätze vor, wobei sicher manche Detaillösung von allgemeiner Interesse ist.

Der Pavillon hat die Grundmaße 200 × 200 cm. Die Wandhöhe ist mit 220 cm festgelegt. Die Eingangswand ist offen, die übrigen Wände sind dagegen bis zur Fensterbrüstung in 90 cm Höhe verkleidet. Oberhalb aller vier Öffnungen ist noch eine umlaufende, 30 cm breite Blende vorgesehen. Im offenen Eingangsbereich bleibt so eine Durchgangshöhe von 190 cm.

Will man den Raum erweitern, werden zusätzliche Zwischenstützen nötig. Der Eingangsbereich wird dann geteilt.

Zur Herstellung
Die vier **Stützen** haben einen Querschnitt von 10 × 10 cm. Die Länge ist bereits vorgegeben. Der Querschnitt gilt auch für die insgesamt 14 **Querriegel**. Es werden zwei Rahmen mit dem unteren und dem oberen **Querholz**, einem Balken in Höhe der Fensterbank und einem weiteren Holz als obere Fensterbegrenzung verbunden. Wie man die Rahmen zusammenbaut, kann man selbst auswählen. Zum einen bietet sich die Schlitz- und Zapfenverbindung an, wobei jeweils zwei Holzdübel eingesetzt werden, oder die Bauteile werden mit Hilfe von Winkelprofilen miteinander verbunden.

Wichtig ist natürlich, daß alles winkelgenau gebaut wird. Danach kann die **senkrechte Verbrette**-

Arbeitsanleitung: Pavillon

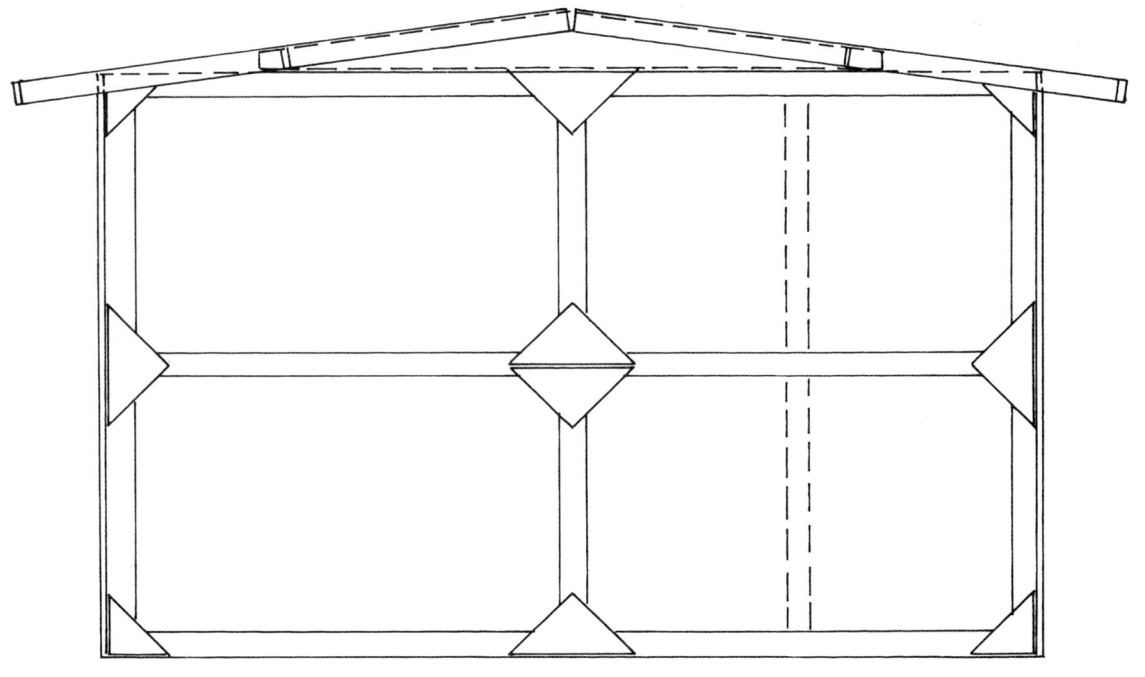

Arbeitsanleitung: Pavillon

rung oder eine andere Verkleidung angebracht werden. Die gehobelten Hölzer sollten am besten ein Nut- und Federprofil besitzen. Die gesamte Fläche einschließlich der Stützen und oberen Blenden wird verkleidet.

Nun geht es um den Eingang und die rückwärtige Wand. Hier müssen zunächst einmal Vorbereitungen getroffen werden. Die restlichen Querriegel setzt man an die Seitenteile, wobei für den Eingangsbereich nur die beiden oberen Riegel benötigt werden. Die Verkleidung bringt man erst nach der Grundmontage an.

Montage

Bei der Aufstellung der Seiten und der Montage benötigen Sie für kurze Zeit eine **Hilfskraft**, denn die erste Seitenwand muß in der Senkrechten gehalten werden, damit man zu beiden Seiten hin einige schräg angestellte Latten als Stützen anbringen kann.

Haben Sie sich zur Befestigung der Riegel für Anschraubwinkel entschieden, kann auch anschließend gleich die zweite Wand aufgerichtet und festgesetzt werden. Sind aber Verbindungen mit Schlitz und Zapfen vorgesehen, werden die Riegel zunächst an den Stützen der ersten Seite befestigt, und erst dann kann die zweite Seite mit den Riegeln verbunden werden. Es ist in diesem Fall natürlich etwas schwieriger, denn bei den Winkeln braucht ein Riegel ja nur einfach zwischen die Stützen gesetzt und angeschraubt zu werden. Nachdem alle Stützen und Riegel montiert sind, wird die Holzkonstruktion genau positioniert und ausgerichtet. Da für diesen luftigen Bau nicht unbedingt ein Fundament gegossen werden muß, können Sie an jeder Ecke einen Anker aus Flacheisen ohne Punktfundament in den Boden schlagen und mit dem Holzwerk verschrauben.

Eine Diagonalmessung zeigt Ihnen, ob das Bauwerk exakt im rechten Winkel aufgestellt ist.

Nun kann die **Verkleidung** angebracht werden.

Der Pavillon ist nun bis aufs **Dach** fertig. Wie die Sparren neben den senkrechten Seiten angeordnet sind, kann man im Detail der Zeichnung entnehmen. Für die Verkleidung des Daches lassen sich die gleichen Bretter mit Nut- und Federprofil aufnageln, wie sie auch bereits zum Verkleiden der halbhohen Außenwände verwendet wurden.

Die **Fensterbänke** bestehen aus 20 cm breiten und 20 mm dicken Brettern, die man auf die Riegel schraubt oder nagelt. Die Kanten sollten deutlich abgerundet werden, damit es hier nicht zu Verletzungen kommt.

Eine **Verglasung** der Fensteröffnungen ist leicht auszuführen. Die Scheiben werden durch 2 × 2 cm dicke umlaufende Leisten gehalten. Sie werden an den Innenflächen der Stützen des oberen Querriegels und auf der Fensterbank angebracht.

Damit keine Feuchtigkeit an den äußeren Leisten eindringen kann, ist auch hier ein **»konstruktiver Holzschutz«** wichtig. So sollte die untere Rahmenleiste bzw. die Fensterbank ein deutliches Gefälle nach außen aufweisen. Fensterscheiben und Leisten kann man mit Silikon eindichten.

Bei diesen verhältnismäßig großen Fensterflächen kommt man mit Normalglas nicht aus. Hier muß besonders dickes Glas verwendet werden, wie man es auch für Schaufenster verwendet. Bei dünnem Glas kommt man ohne Zwischensprossen nicht aus.

Arbeitsanleitung: Pavillon

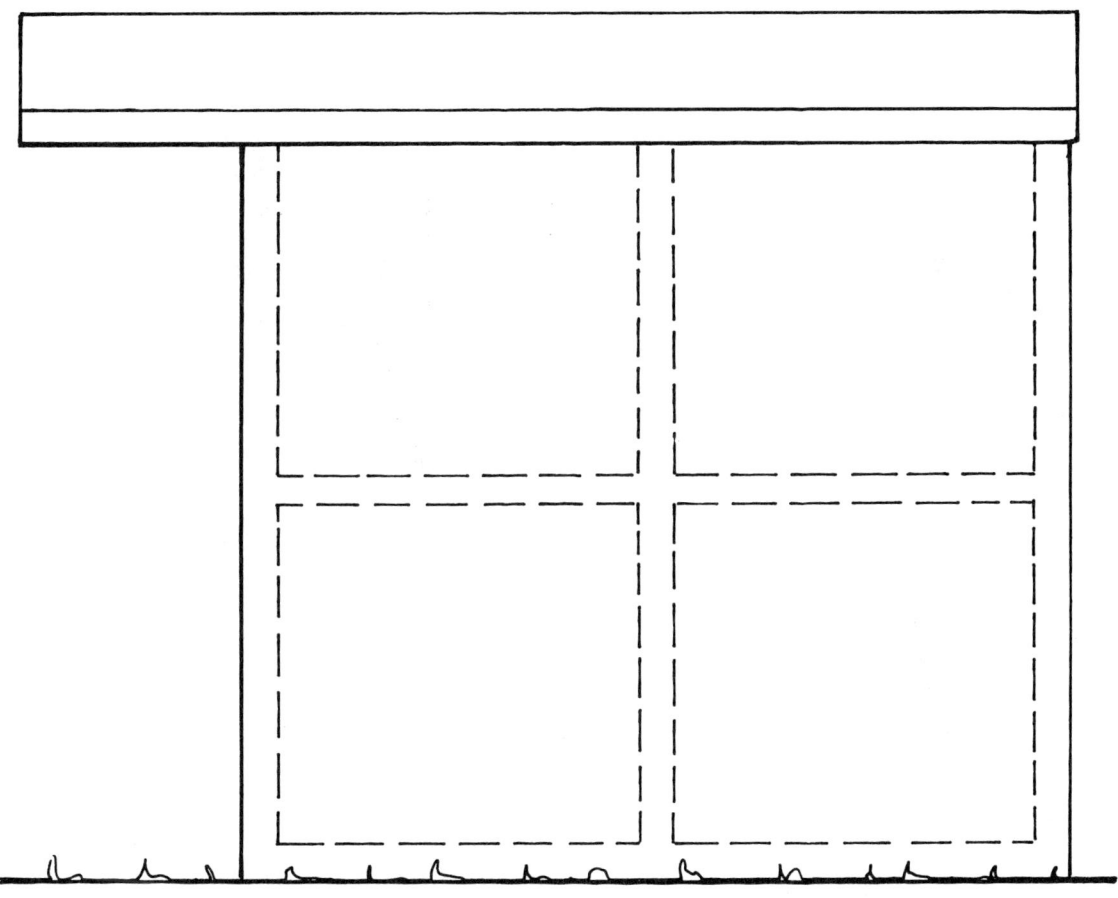

Arbeitsanleitung: Pavillon-Bausatz

Offener Pavillon mit Dachplane

Arbeitsanleitung: Pavillon-Bausatz

Material
Kiefer, kesseldruckimprägniert. Im Bausatz ist alles enthalten, was Sie zum Aufbau des Gebäudes benötigen.

Werkzeug

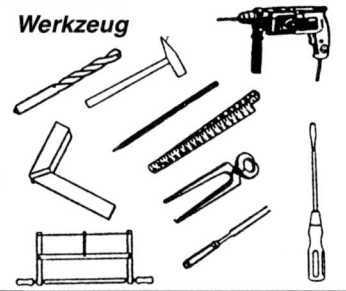

Schwierigkeitsgrad

Kraftaufwand

Arbeitszeit
(mit Hilfskraft) nur für Holzarbeiten, ohne Fundament
1 Tag

Ersparnis
Sie sparen die Lohnkosten, die der Fachhändler Ihnen für die Montage berechnen würde.

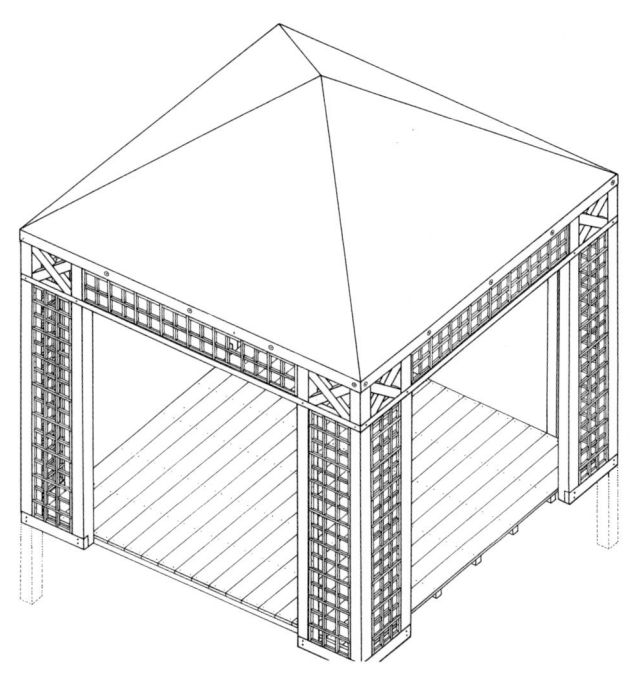

lange Anker dienen als Fundamente

Ein leicht durchschaubarer Bausatz, der wirklich einfach zu montieren ist, weil er lediglich aus Pfosten und integrierten Rankgittern (imprägnierte Kiefer) besteht. Über dem sehr luftigen Gebäude mit dem Grundriß 287 × 287 cm spannt sich ein Dach aus Polyestergewebe. Die Eingänge sind zu allen Seiten 178 × 178 cm groß. In jeder Ecke wird ein besonders langer Pfosten als Anker tief in die Erde gesenkt.

Der Holzfußboden kann nachträglich eingebaut werden.

Arbeitsanleitung: Pavillon-Bausatz

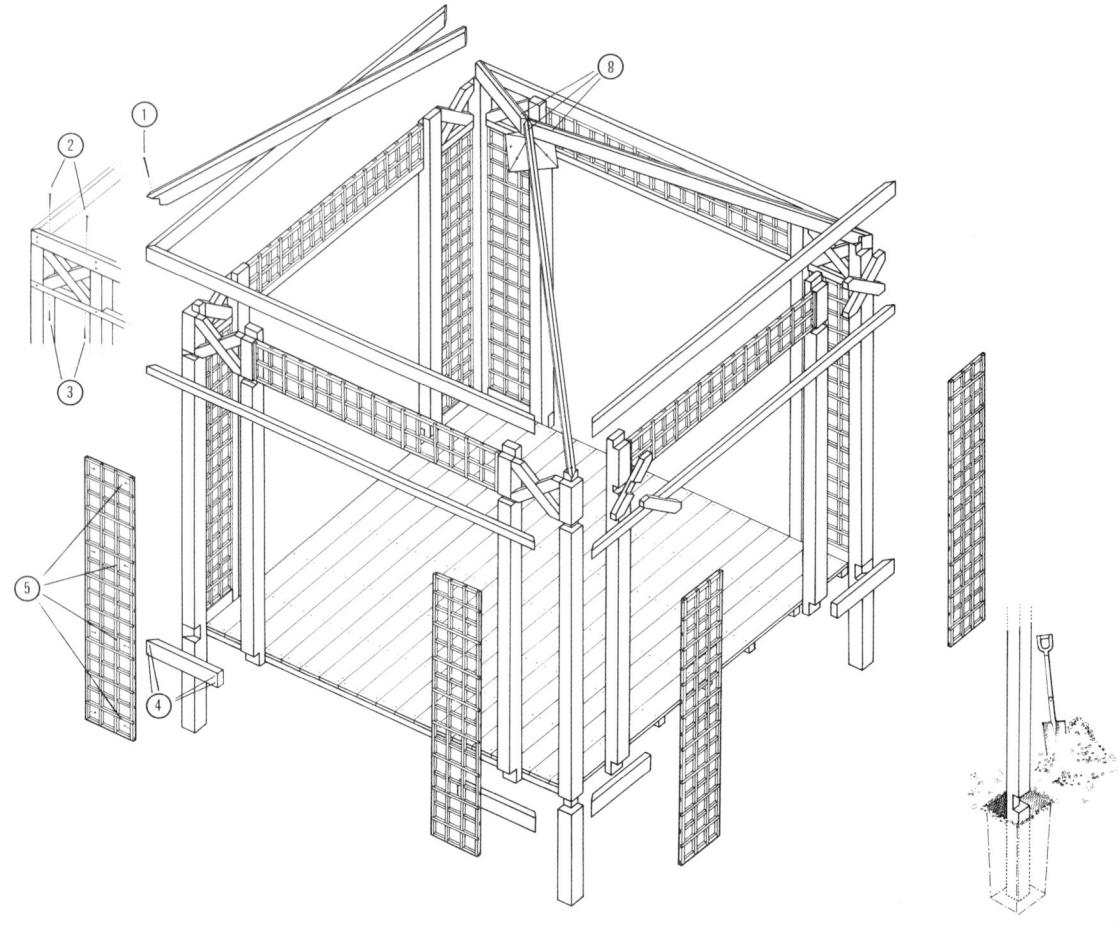

Arbeitsanleitung: Pavillon-Bausatz

Achteckiger Pavillon

Material
Nordamerikanische Red Cedar, keine Imprägnierung nötig. Im Bausatz ist alles enthalten, was Sie zum Aufbau des Gebäudes benötigen.

Werkzeug
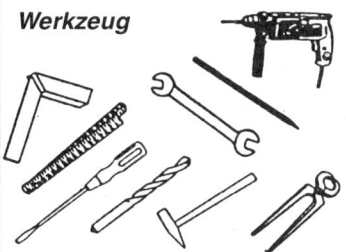

Schwierigkeitsgrad
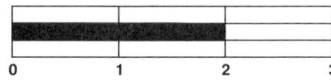

Kraftaufwand

Arbeitszeit
(mit zwei Hilfskräften) nur für Holzarbeiten, ohne Fundament 1 Tag

Ersparnis
Sie sparen die Lohnkosten, die der Fachhändler Ihnen für die Montage berechnen würde.

Als eine besonders gelungene Variante unter den Pavillons präsentiert sich dieses Achteck. Wem das Bauwerk zu zugig ist, der kann es auch in einer geschlossenen Variante mit Lamellentüren oder Sprossenfenstern bauen. Ein Fundament aus 16 Punkten (unten) ist erforderlich, um das Gebäude zu errichten. Der Bausatz besteht überwiegend aus vorgefertigten »Tortenstücken« für den Boden oder das Dach und aus fertigen Gitterelementen, die man lediglich zusammensteckt und verschraubt. Ein Anpassen ist nur in Ausnahmen erforderlich. Den Holzpavillon gibt es in verschiedenen Größen von einem Durchmesser von 275 cm bis zu 640 cm.

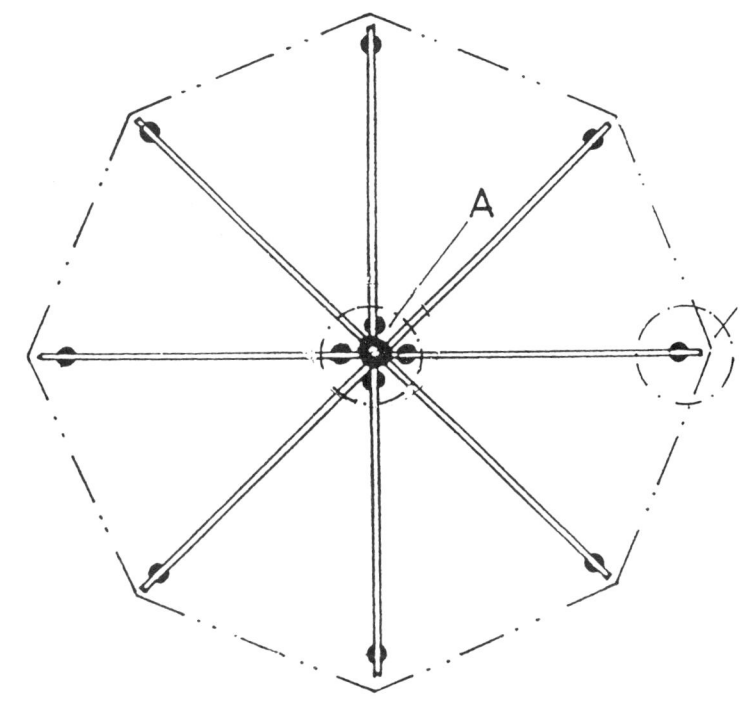

Arbeitsanleitung: Pavillon-Bausatz

Arbeitsanleitung: Pavillon-Bausatz

Arbeitsanleitung: Gartenhaus

Kleines einfaches Gartenhaus

Material
Für alle Teile wird Fichte/Tanne verwendet. Hinzu kommen noch Anker oder wahlweise Anschraubwinkel, Schrauben und Nägel. Fürs Dach Bitumenpappe und Kleber, Dachrinnen und Fallrohre

Werkzeug

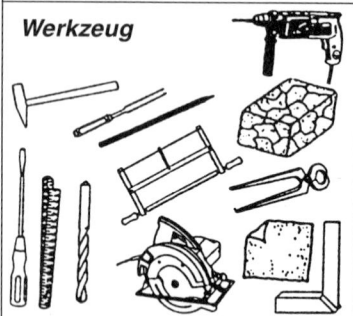

Schwierigkeitsgrad

Kraftaufwand

Arbeitszeit
42 Std.

Ersparnis
900 Mark

Hinsichtlich der Konstruktion von Gartenhäusern gibt es vielfältige Möglichkeiten. Hinzu kommen noch die zahlreichen Variationen bei den Außenverkleidungen. Aus diesem Grund soll hier zunächst einmal eine leicht durchschaubare Grundkonstruktion vorgestellt werden, die lediglich zur Orientierung dienen soll, falls Sie ein Gartenhaus komplett selbst bauen wollen. In Anschluß an den kompletten Selbstbau stellen wir Ihnen vorgefertigte Bausätze vor, wobei sicher manche Detaillösung von allgemeinem Interesse ist.

Die **Grundfläche** dieses Hauses beträgt 238 × 348 cm. Dabei ist einfach von einem Zwischenmaß von 60 cm zwischen den senkrechten Stützen ausgegangen worden. Die Stützen haben einen Querschnitt von 8 × 8 cm und sind 220 cm lang. Alle Hölzer haben den gleichen Querschnitt. Die Verkleidung und das Dach bestehen aus 20 mm dicken Fichtenholzbrettern; sie haben ein Nut- und Federprofil. So läßt sich eine verhältnismäßig glatte und winddichte Außenwand und ein solider Fußboden herstellen. Auch das Dach kann sich von innen sehen lassen. Die Türöffnung ist 90 cm breit. Die Fensterlaibung sollte 60 cm breit sein, so daß zwei schmale Fenster nebeneinander eingebaut werden können. Möchte man nur ein Fenster einsetzen und anders positionieren, muß ein oberer und unterer Wechsel eingesetzt werden, damit die erforderliche Stabilität gewahrt bleibt.

Soll das Haus um einiges verlängert werden, behält man den Stützenabstand bei und setzt wiederum im Abstand von 60 cm weitere Stützen an. Die Verkleidung mit Nut- und Federbrettern macht diese Erweiterung ohnehin problemlos mit. Eine Erweiterung um ein 60er-Raster hinaus kann man jedoch nicht ohne weiteren Aufwand vornehmen, denn dazu wird eine zusätzliche Abstützung des Daches notwendig. Die Tür kann auch an einer anderen Stelle in der Innen- oder Außenwand eingebaut werden. Anhand der Zeichnungen kann man erkennen, daß es hier mehrere Möglichkeiten gibt.

Das **Grundgerüst** des Hauses besteht aus 6 gleichen **Rahmen**, in die auch die Dachschrägen einbezogen sind. Unten haben die Bodenriegel eine tragende Funktion: Die Bodenbretter werden hier aufgenagelt. Es können sowohl Bretter als auch Verbundplatten

Arbeitsanleitung: Gartenhaus

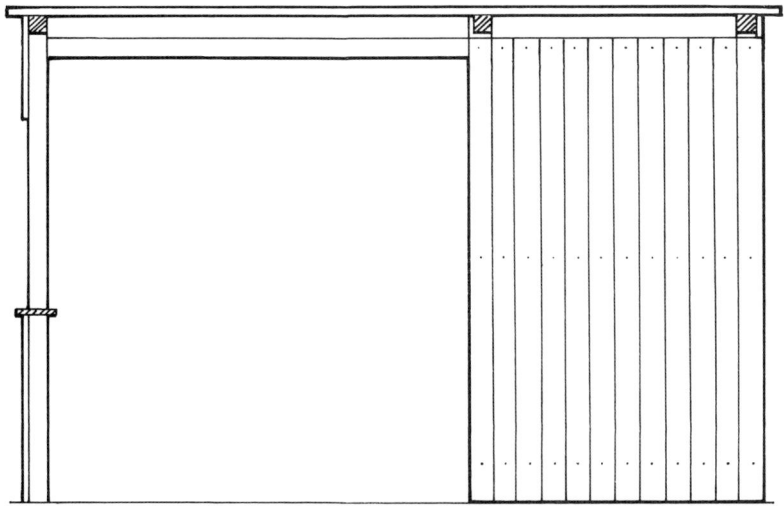

Frontansicht

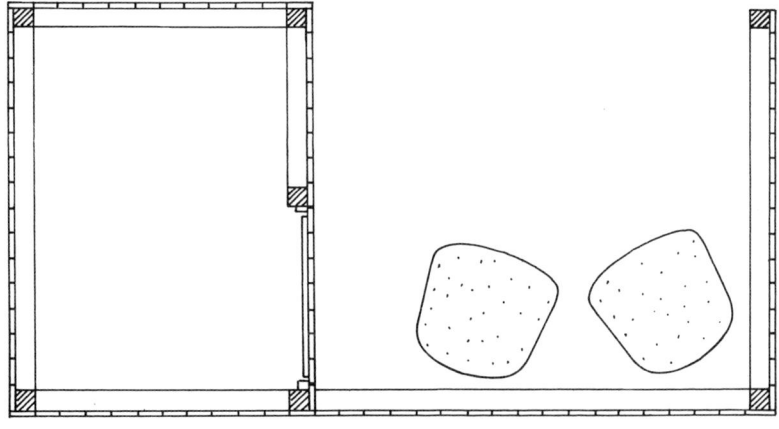

Grundriß

Arbeitsanleitung: Gartenhaus

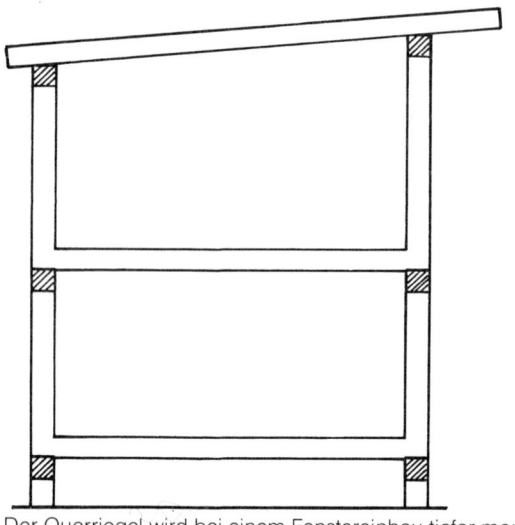
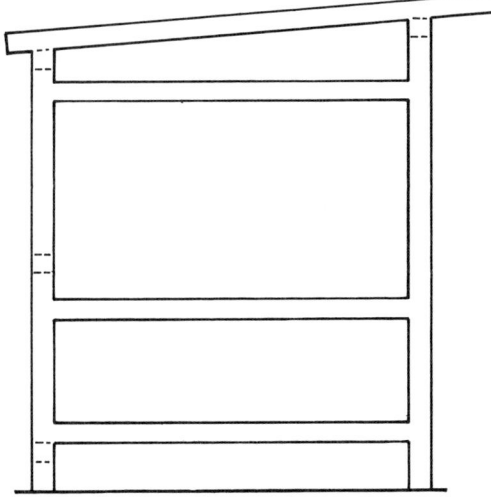

Der Querriegel wird bei einem Fenstereinbau tiefer montiert

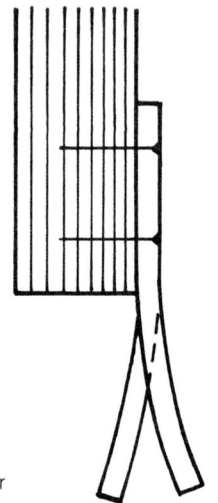

Anker

sein. Die 4 Innenrahmen haben diese Riegel nicht.

Die Stabilität der Dachbalken wird durch Querbretter oder entsprechende Balken erreicht. Man nagelt die Bretter seitlich an, sie erhalten den erforderlichen Schrägschnitt und werden anschließend unter die Dachbalken genagelt. Bei den aufrechten und seitlichen Stützen reicht eine solche Verbindung nicht aus. Hier müssen Schlitz und Zapfen für einen dauerhaften Zusammenhalt sorgen. Das gilt auch für die unteren Bodenriegel. Vor der Verzapfung ist bereits die endgültige Dachneigung und der Dachüberstand festzulegen. Die Lage der seitlichen kurzen Riegel oder Abstandhalter kann jetzt auch schon angezeichnet werden. Auch die Bohrungen für die Holzdübel lassen sich anbringen. Damit sind die Vorarbeiten abgeschlossen.

Da das Holzwerk später rundum sichtbar bleibt, nimmt man natürlich nur gehobelte Ware. Als nächstes können die Rahmen verleimt werden. Die Verbindungen sollten

Arbeitsanleitung: Gartenhaus

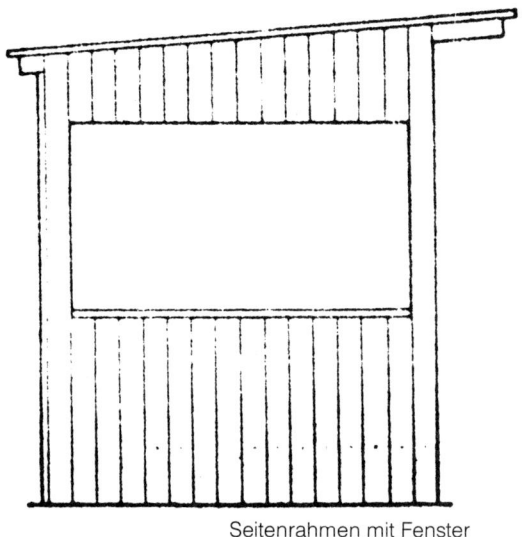

Seitenrahmen mit Fenster

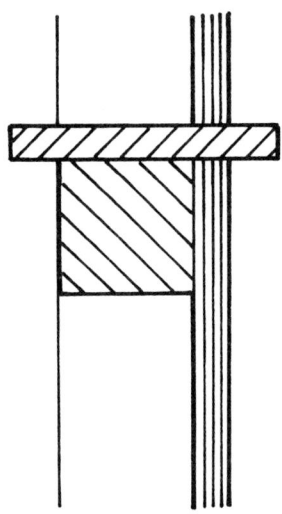

Fensterbank – Schnitt

so genau passen, daß keine großen Fugen entstehen. Natürlich muß auch auf winkelgerechte Verbindungen geachtet werden. Sie können sich die Arbeiten erleichtern, wenn Sie die Teile der Dachkonstruktion am Boden miteinander verbinden.

Montage
Für die **Aufstellung der Rahmen** und deren Ausrichtung kommt man ohne eine **Hilfskraft** nicht aus. Das liegt weniger am Gewicht als an der Größe der Teile. Auf dem Fundament wird vorab noch der genaue Standort eines jeden Einzelteils angezeichnet. Das erleichtert die Montage. Der erste Rahmen wird aufgestellt und mit schräg angebrachten Hilfslatten in der Senkrechten gehalten. Nachdem er in seiner endgültigen Position genau ausgerichtet wurde, wird er durch zwei Anker oder Winkel mit dem Fundament verbunden.

Die kurzen Querriegel dienen unten gleichzeitig auch als Träger für den Bodenbelag. Mit den Dübeln werden sie an den vorgesehenen Stellen in den ersten Rahmen gesteckt und der nächste Rahmen dagegengesetzt. So montiert man sämtliche Rahmen nacheinander. Man beachte in diesem Zusammenhang die Fensteröffnung, da die Position der Querriegel hieran orientiert sein muß. Man kann auch später noch eine größere Öffnung schaffen. Der Querriegel oberhalb der Tür ist schon bei der Rahmenherstellung angesetzt worden.

Als nächstes wird der **Fußboden** aufgenagelt. Im Bereich der senkrechten Riegel müssen die Bretter oder Platten ausgeklinkt werden.

Arbeitsanleitung: Gartenhaus

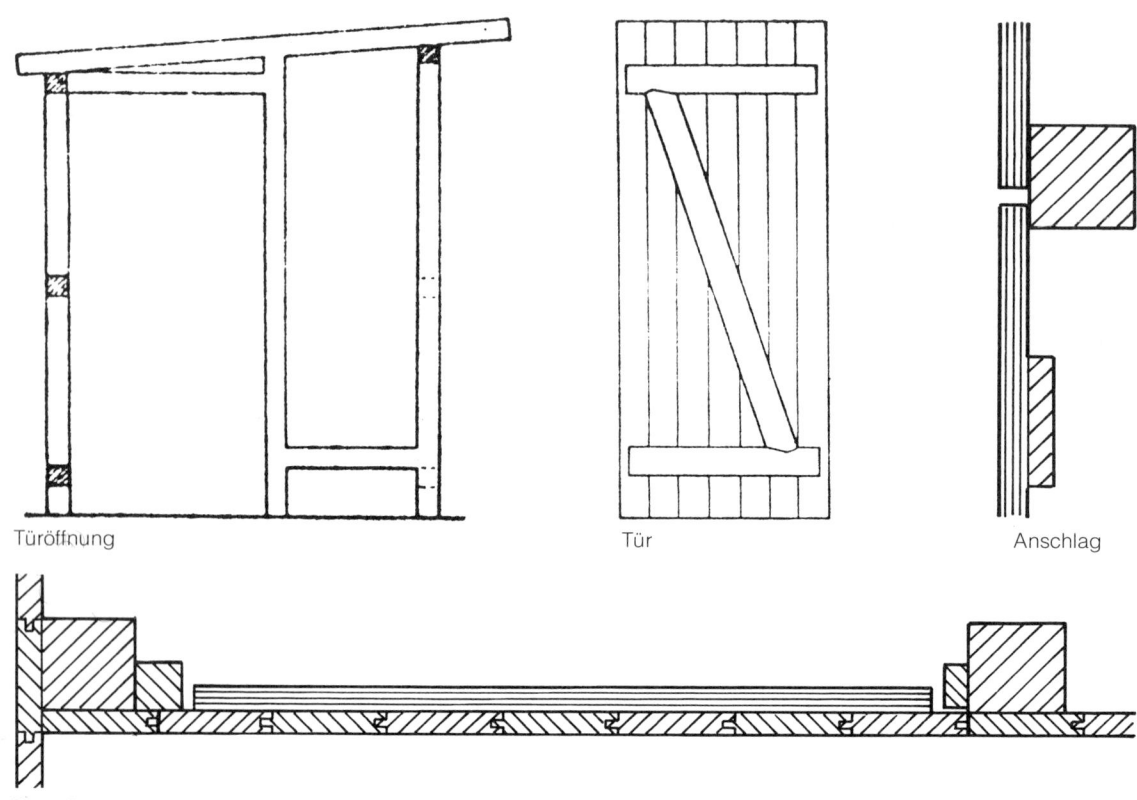

Türöffnung Tür Anschlag

Tür – Draufsicht

Dadurch entsteht eine dichte Verbindung zu den Wänden.

In Anschluß daran folgen die **Dachfläche** und die **Seitenverkleidung**, die an den Außenkanten bündig mit den Eckstützen abschließt. Die beiden **Giebelverbretterungen** verdecken die Kopfenden der Seitenbretter. Die oberen Seitenbretter erhalten entsprechende Winkelschnitte, damit sie exakt an der Dachfläche anliegen.

Tür und Fenster

Zwischen den senkrechten Stützen und den entsprechend angeordneten Querriegeln finden Tür und Fenster ihren Platz. Beide Elemente sollten mit einem Futter ausgestattet sein.

Blockbohlenhäuser

Grundsätzliches zu Blockbohlenhäusern

Blockbohlenhaus mit Wandverzahnung

Die klassische Form des Holz-Gartenhauses ist sicherlich das dem Blockhaus nachempfundene **Blockbohlenhaus**.

Das markante an diesem Haustyp sind sicher die **einzeln aufeinandergesetzten Rundstämme** oder die zusammengesteckten Bohlen mit ihren überstehenden Eckverbindungen. Die Wände sind absolut winddicht, denn besondere Dichtprofile sorgen für dichte Fugen in allen Bereichen.

Beim **Aufbau** wird Stamm auf Stamm bzw. Bohle auf Bohle geschichtet. Durch die **Einkerbungen in den Eckbereichen** erhält das Haus eine sehr gute Stabilität. An den von außen sichtbaren Kopfenden erkennt man auch sofort die Wanddicke der verwendeten Teile.

Stämme und Bohlen
Schon aus Gründen der Materialeinsparung werden heute kaum noch Rundstämme verwendet. Vereinzelt sind noch Stämme mit einem Durchmesser von 15 cm im Handel. Damit überhaupt dichte Fugen entstehen, sind sie an zwei Seiten maschinell abgeflacht.

Zum überwiegenden Teil baut man jedoch die Blockhäuser aus Bohlen in verschiedenen Dicken. Einfache Haustypen begnügen sich mit knapp 30 mm dicken Brettern, bei massiveren Ausführungen werden mindestens 35 mm dicke Bohlen verwendet.

Arbeitsanleitung: Blockbohlenhaus

Blockbohlenhaus

Material
Holz: Nordische Fichte, 28 mm dick, farblose Imprägnierung auf Ölbasis. Im Bausatz ist alles enthalten, was Sie zum Aufbau des Gebäudes benötigen.

Werkzeug

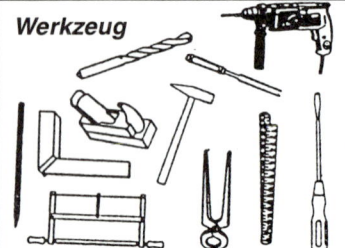

Schwierigkeitsgrad

Kraftaufwand

Arbeitszeit
(mit Hilfskraft) nur für Holzarbeiten, ohne Fundament
1 Tag

Ersparnis
Sie sparen die Lohnkosten, die der Fachhändler Ihnen für die Montage berechnen würde: rund 600 Mark.

1

2

Arbeitsanleitung: Blockbohlenhaus

1. Dieses kleine Gartenhaus hat eine Grundfläche von 7,6 m². Das leicht geneigte Dach ragt 75 cm weit über den Eingang hinaus.

2. Alle erforderlichen Teile werden beim Fachhändler bestellt und vom Werk bis ans Grundstück geliefert.

Bereits in der Versandeinheit sind die Bauteile zu mehreren Bündeln und Paketen zusammengefaßt, so daß man sich beim Auspacken leicht orientieren kann.

3. Der Aufbau beginnt: Zunächst sortiert man **alle Teile** des Bausatzes und legt sie der Reihenfolge nach auf den Boden, so daß man sie während der Montage griffbereit hat. Wird das Haus auf einer Wiese aufgebaut, kann man auch vorher noch Lagerhölzer oder eine Plane gegen Verschmutzung auslegen.

4. Der **Sockelrahmen** ist bereits zusammengesteckt. Im Gegensatz zu diesem Modellaufbau muß das Fundament natürlich vorher erstellt sein. Dazu kann man sich vorher einen entsprechenden Plan mit allen erforderlichen Maßen schikken lassen. Zwischen den Sockelrahmen und den Boden legt man eine Lage Dachpappe.

Arbeitsanleitung: Blockbohlenhaus

5. Auf den Sockelrahmen stecken Sie nun die ersten **Blockbohlen bis zu einer Kranzhöhe von drei Lagen** auf. Die überwiegende Anzahl der Wandelemente sind zwar gleich. Doch beispielsweise im Türbereich gibt es Paßstücke, die Sie griffbereit haben müssen. Jetzt kommt es Ihnen bereits zugute, wenn Sie die Teile entsprechend sorgfältig vorsortiert haben.

Auch in diesem Stadium bereits darauf achten, daß die Bauteile nach Möglichkeit rechtwinklig zusammengesteckt werden, denn sonst würden sich die Blockbohlen sehr leicht verklemmen.

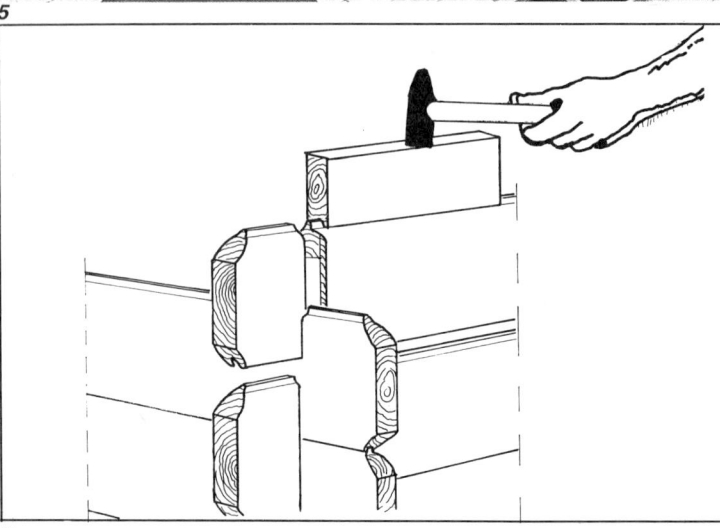

6. Vom Anschluß an den Sockelrahmen einmal abgesehen – dort wird geschraubt –, verbindet man die Wandelemente nur durch das **Zusammenstecken**. Die Blockbohlen setzt man mit der Feder nach oben auf und treibt sie mit dem Hammer in die paßgenaue Eckverzahnung. **Achtung: Nie mit dem Hammer direkt auf die Feder schlagen, sondern immer ein Schlagholz dawischensetzen!** Es muß an der Unterseite genutet sein, damit es über die Feder paßt. Manche Hersteller empfehlen, kleine Dichtungskissen mit in die Verzahnung einzusetzen.

Arbeitsanleitung: Blockbohlenhaus

7. Wenn die ersten drei Lagen Blockbohlen zusammengesteckt sind, kann die **Tür** von oben eingeschoben werden. Rahmen und Tür sind bereits eine vorgefertigte Einheit mit allen Beschlägen. Später müssen lediglich noch die Klinken eingesteckt werden. Damit Rahmen und Tür nicht zur Seite kippen, kann man von beiden Seiten eine Stütze schräg ansetzen und mit Schraubzwingen fixieren.

8. Nachdem die Tür in der noch recht niedrigen Wand steht, richtet man die Lage des Hauses genau aus und überprüft sie durch eine **Diagonalmessung**. Danach zieht man die Wände um einige Lagen weiter hoch, um sie zu stabilisieren. Anschließend geht es an den Einbau des **Fußbodens**.

9. Hier legt man zunächst die **Querbalken** auf und unterstützt sie mit kleinen Sockeln. Zug um Zug sind jetzt die Bodenbretter an der Reihe. Sie haben ebenfalls ein Nut- und Federprofil, so daß die Bohlen mit Hammer und Schlagholz ineinandergetrieben werden müssen.
Der Hersteller gibt jeweils vor, ob der Belag schwimmend verlegt, angenagelt oder verschraubt werden muß. Nicht immer sind die Bodenbretter direkt ab Werk geschützt, dann sollten Sie dies mit einem Schutzanstrich nachholen.

Arbeitsanleitung: Blockbohlenhaus

10.

11.

10. Oberhalb des neunten Elements wird es Zeit, das **Fenster** aufzusetzen. Auch dieses Element ist mit Rahmen und Sprossen vorgefertigt. Der Bauherr muß lediglich selbst für die Fensterscheibe sorgen, denn die wird in diesem Fall nicht mitgeliefert. Für den Einbau geben die Hersteller spezielle Hinweise. Das beginnt mit der Bestimmung von Außen- und Innenseite des Fensters, nennt Punkte für die Verschraubung mit der Hauswand und endet je nach Ausführung mit dem Anbringen der Beschläge, falls nachträglich noch Schlagläden angesetzt werden sollen.
Indem man seitlich weitere Bohlen einsteckt, stabilisiert sich das Fenster in der Front. Man kann natürlich den Rahmen auch erst einmal durch eine Strebe behelfsmäßig abstützen.

11. Die Blockbohlen sind an den Seiten bis zur obersten Lage aufgesteckt. Für den Dachüberstand vorne ragen sie entsprechend länger vor. Über Tür und Fenster muß ein Spalt Luft bleiben, damit sich die Bohlen setzen können. Jetzt geht es mit vereinten Kräften um das Einpassen der **Giebel**. Man bereitet die Dreiecke am Boden soweit vor, daß man sie anschließend nur noch aufzusetzen braucht. Wenn Sie umblättern, sehen Sie, wie der Dachstuhl fertiggestellt wird.

Arbeitsanleitung: Blockbohlenhaus

Arbeitsanleitung: Blockbohlenhaus

12

13

12. Beide Giebel stecken auf den Wänden und werden innen durch Montagehölzer in der Senkrechten gehalten. An den Stellen, wo **Dachpfetten** eingesetzt und vernagelt werden müssen, sind die Bohlen bereits fertig ausgeklinkt. Sie ragen wegen des Dachüberstandes vorne knapp 75 cm hinaus. Zuletzt mit einer geraden Schiene prüfen, ob die Giebelschrägen Unebenheiten aufweisen. Wenn ja, müssen Sie angeglichen werden. Dazu eignet sich ein Handhobel nur bedingt, denn es handelt sich nicht nur um Längsholz. Mit einem Maschinenhobel haben Sie dagegen keine Probleme. Um beim Handwerkzeug zu bleiben: Man kann auch Teile, die sich nicht in der Flucht befinden, mit Fuchsschwanz und Raspel bearbeiten.

13. Als letzte Holzteile fehlen noch die **Deckbretter**, die mit der angefasten Seite nach unten aufgelegt werden. Die Dachschalung wird sowohl an die Pfetten als auch an die Seitenwände genagelt. Ist die Schalung fertig, geht es an die Abdichtung des Daches. In diesem Fall wird Dachpappe verwendet, so wie es bereits im Grundkurs beschrieben oder wie es bei einem der nachfolgenden Aufbauten gezeigt wird.

Arbeitsanleitung: Haus mit Terrasse

Gartenhaus mit Terrasse

Material
Holz: Nordische Fichte, 28 mm dick, überwiegend nicht imprägniert. Im Bausatz ist alles enthalten, was Sie zum Aufbau des Gebäudes benötigen.

Werkzeug

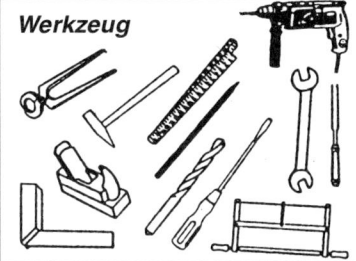

Schwierigkeitsgrad

Kraftaufwand

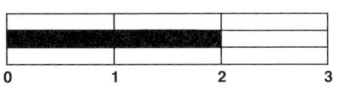

Arbeitszeit
(mit Hilfskraft) nur für Holzarbeiten, ohne Fundament
2 Tage

Ersparnis
Sie sparen die Lohnkosten, die der Fachhändler Ihnen für die Montage berechnen würde.

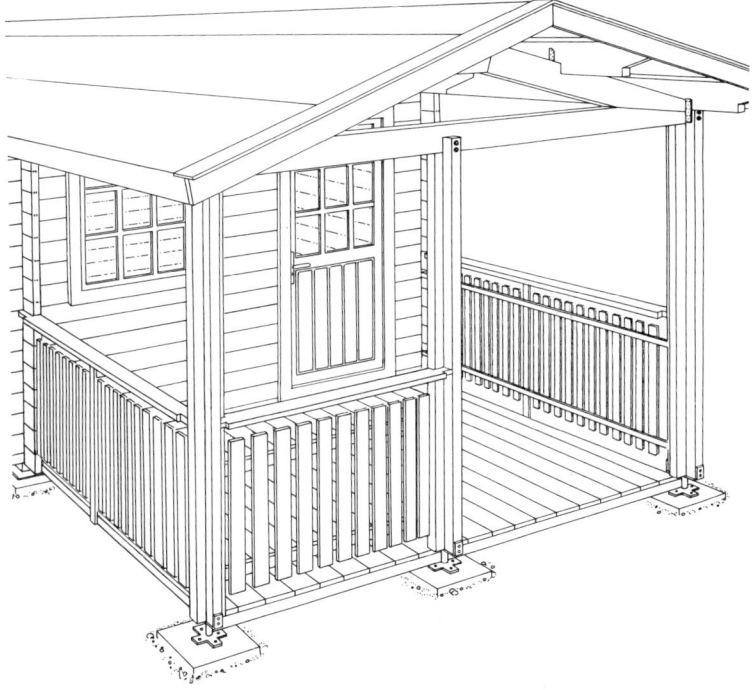

Bei dem vorangegangenen Gartenhäuschen handelt es sich um ein einfaches quadratisches Gebäude. Man kann ein Haus aber auch durch verschiedene Komponenten nach einem Baukastenprinzip vergrößern. Bei diesem Bauvorschlag handelt es sich ursprünglich um ein kleines Haus mit gut 7 m^2 Grundfläche, doch durch den kleinen Anbau (3,7 m^2) und durch die Veranda (ca. 7 m^2) läßt sich das Bauwerk beträchtlich erweitern. Das Haus gibt es in verschiedenen Größen. Bei der Vergrößerung müssen Sie allerdings daran denken, daß unter Umständen dann eine Genehmigung erforderlich wird.

Arbeitsanleitung: Haus mit Terrasse

1. Bevor es an die Errichtung des Gartenhauses geht, sind die **Punktfundamente** bereits gegossen. Sichtbar davon sind nur noch kleine erhabene Platten.

Nachdem man alle Teile des Bausatzes in der richtigen Reihenfolge sortiert hat, legt man zunächst die imprägnierten Balken auf. Zwischen Holz und Fundament muß eine Lage Dachpappe als Feuchtigkeitssperre aufgelegt werden.

2. Als mittlere Abstützung unter den Balken können auch **Steine** verwendet werden, die ebenfalls mit Dachpappe belegt werden.

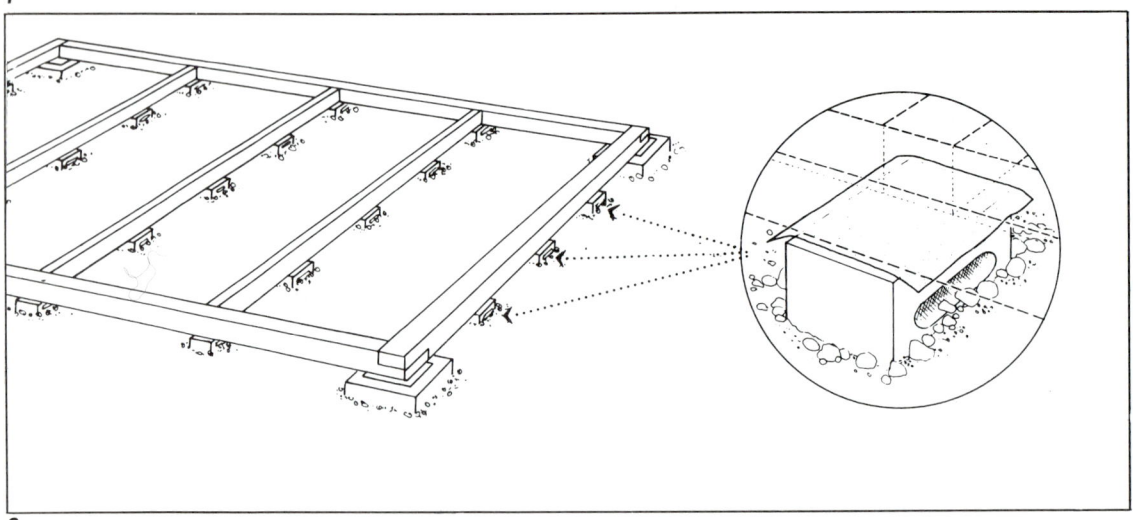

Arbeitsanleitung: Haus mit Terrasse

Arbeitsanleitung: Haus mit Terrasse

3 + 4 Die **Sockelbohlen** im Detail: Die Enden an einer Eckverbindung sind ausgeklinkt, die innenliegenden Bohlen stoßen stumpf zusammen.

5. Bevor Sie mit dem Verlegen des **Fußbodens** beginnen, muß zunächst der Rahmen genau ausgerichtet werden (Diagonalmessung). Die Fußbodendielen besitzen ein Nut- und Federprofil, so daß die Bretter nach dem Zusammenstecken eine massive glatte Fläche bieten. Zusätzlich befestigt man den Boden mit Schraubnägeln auf den Sockelbohlen. Bei

Arbeitsanleitung: Haus mit Terrasse

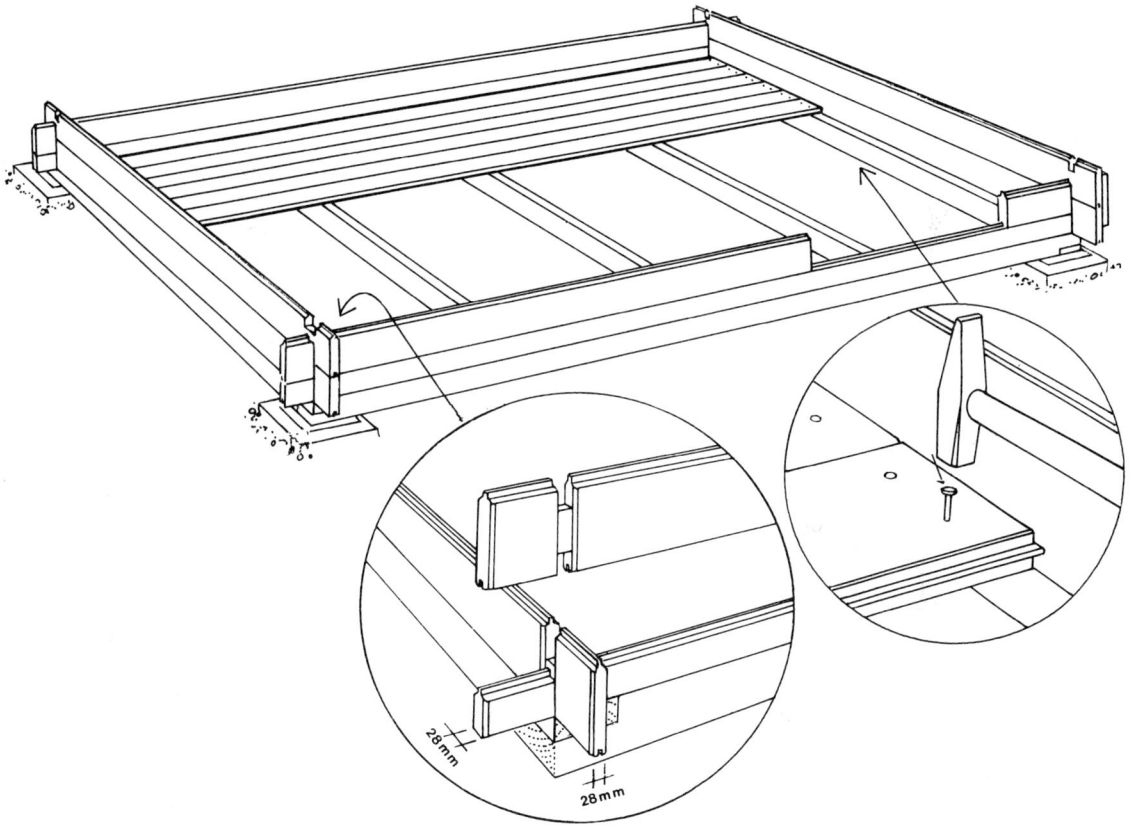

28 mm
28 mm

Arbeitsanleitung: Haus mit Terrasse

7

8

9

Bedarf lassen sich die Metallverbinder wieder herausdrehen.

6. Passend zu Abb. 3–5 sehen Sie anhand der Zeichnung noch einmal wichtige Details der **Holzverbindungen**: Nachdem die unterste Lage der Wandbohlen an den Sockel geschraubt ist, werden die nachfolgenden Bohlen mit Nut und Feder lediglich aufgesteckt.

7. Während die **Tür** bereits mit Erreichen der dritten Lage eingesteckt wird, kommt das **Fenster** erst oberhalb der neunten Bohle in die Wand. Tür und Fenster sind fertig verglast.

8. Wie schon beim vorangegangenen Bausatz steckt man das Blockhaus zusammen und setzt die **Dachpfetten** auf. Danach ist Baustopp am Hauptgebäude, denn jetzt geht es erst einmal an der Veranda weiter.

9. Die **Plattform der Veranda** wird als nächstes gezimmert und mit den Punktfundamenten verbunden. Wie alle Bodenelemente bestehen auch diese Teile aus

Arbeitsanleitung: Haus mit Terrasse

druckimprägnierten Hölzern.

10. Damit die **Eckpfosten** vorne auf der Veranda festen Halt auf dem Punktfundament finden, werden sie vierfach angeschraubt. Die Anker sind höhenverstellbar und bieten so jederzeit die Möglichkeit einer Korrektur.

11. Die **Dachbalken** der Veranda haben an den Enden ein entsprechendes Profil, so daß sie genau an die herausragenden Dachpfetten anliegen können. Vor dem Verschrauben kann man die Verbindung erst einmal provisorisch durch Schraubzwingen sichern.

12. Vorne am Verandagiebel sichert man die Balken durch Bandeisen.

13.–16. Völlig unabhängig vom Haupthaus läßt sich auch ein **Nebengebäude** links oder rechts ansetzen. Man kann zunächst die drei Wände zusammenbauen und provisorisch auf die Punktfundamente setzen, damit es beim Einpassen der Tür nicht zu sehr hakt (rechts).

10

11

12

Arbeitsanleitung: Haus mit Terrasse

Nach der Verankerung kommen Giebel und Balken an die Reihe. Für einen gleichmäßigen Übergang zum Haus müssen die Giebel gegebenenfalls beigehobelt werden.

17. Haupthaus mit Veranda, noch ohne Nebenraum.

18. Die Veranda verdoppelt die Grundfläche des Hauses.

19. Die Holzschalung des leicht geneigten Daches läßt sich sowohl mit Schindeln als auch mit Dachpfannen verkleiden.

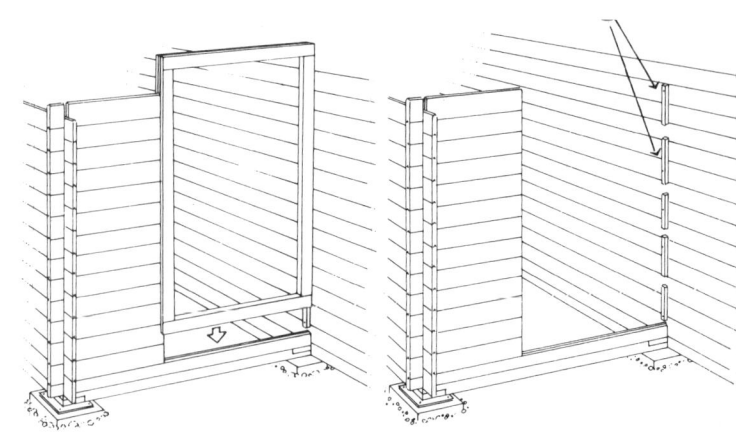

13

14

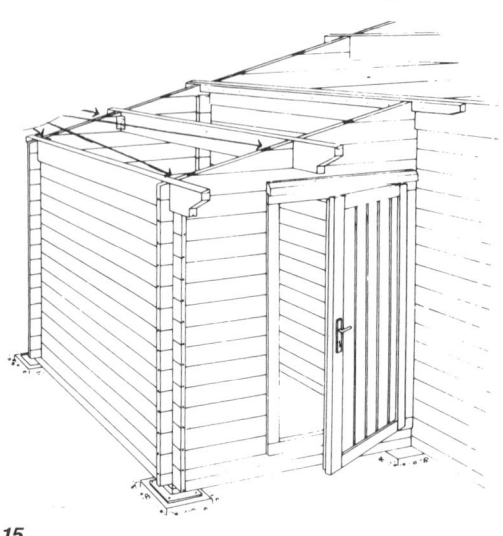

15

16

Arbeitsanleitung: Haus mit Terrasse

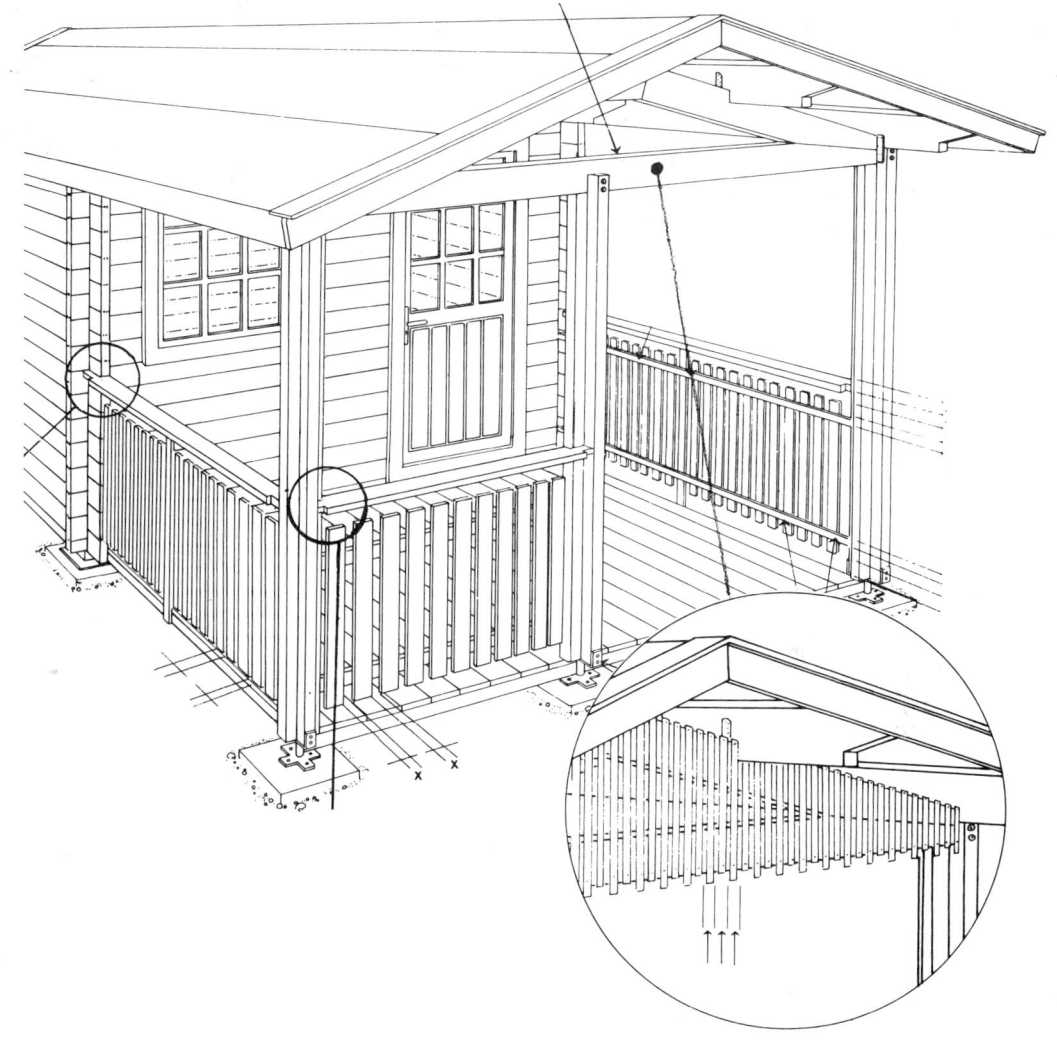

17

Arbeitsanleitung: Haus mit Terrasse

Arbeitsanleitung: Haus mit Terrasse

20. Die Veranda wird zu allen Seiten hin durch **Holzgitter** aus Kiefer eingezäunt. Bei der Verschraubung der vielen Einzelteile muß man natürlich auf gleiche Abstände achten.

Auch der Giebel erhält ein passendes Gitterwerk (links), was ihm optisch sehr gut bekommt.

21. Als **Verzierung der Giebel** setzt man Blenden auf. Sie verdecken auch gleichzeitig die Enden der Dachpfetten, die dadurch auch gegen eindringende Feuchtigkeit geschützt sind.

Arbeitsanleitung: Blockhaus-Bausatz

Ein großes Blockhaus

Material
Holz: Nordische Fichte, 34 mm dick, farblose Imprägnierung auf Ölbasis. Im Bausatz ist alles enthalten, was Sie zum Aufbau des Gebäudes benötigen.

Werkzeug

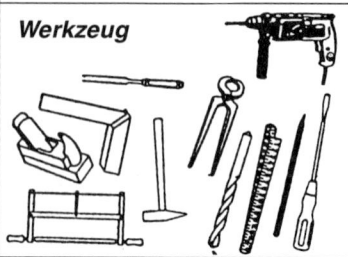

Schwierigkeitsgrad

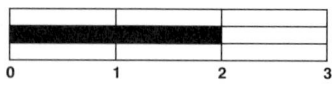

Kraftaufwand

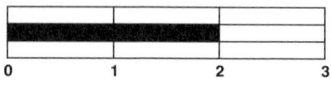

Arbeitszeit
(mit Hilfskraft) nur für Holzarbeiten, ohne Fundament
2 Tage

Ersparnis
Sie sparen die Lohnkosten, die der Fachhändler Ihnen für die Montage berechnen würde (mindestens 1500 Mark).

1

Die Bohlen dieses massiv wirkenden, geräumigen Blockhauses haben eine Dicke von 34 mm und sind auch im Detail aufwendiger gearbeitet. So ist neben dem obligatorischen Nut- und Federprofil auch in der Eckverzahnung dafür gesorgt, daß die Wände absolut winddicht sind: In die Zahnprofile werden spezielle Dichtungseinlagen eingesetzt, denn die Passungen erweisen sich häufig als Schwachstelle.

Neben dem Haupthaus mit einer Grundfläche von knapp 13 m² befindet sich rechts (oder wahlweise links) noch ein 150 cm breiter Abstellraum (5,4 m²), zu dem ein von innen offener Zugang besteht. Links (oder wahlweise rechts) ist das Dach ebenfalls weit ausladend und bietet mit dem fast zwei Meter breiten Überstand jede Menge Lagermöglichkeiten. Die Veranda ist 150 cm tief und wirkt durch die Säulen und die dicken Bordbretter recht massiv.

Das Dach ist normalerweise mit Bitumenpappe gedeckt, man kann natürlich auch mit Schindeln oder

Arbeitsanleitung: Blockhaus-Bausatz

Pfannen eindecken.

1. Der Bausatz ist angeliefert, ausgepackt und so vorsortiert, daß man der Reihe nach alle Teile griffbereit hat. Damit das Holz nicht auf der Wiese verschmutzt, legt man Lagerhölzer unter. Zunächst kann man vorher auch noch eine Plane ausbreiten. Rechts sieht man bereits den Sockelrahmen, der auf den Punktfundamenten aufliegt (eine Lage Dachpappe zwischenlegen).

2. Das Prinzip des Zusammenbaus ist bei Blockbohlenhäusern immer gleich, deshalb werden hier nicht mehr alle Schritte im Detail gezeigt. Die Wände sind jetzt schon halb hoch, die Türen eingesetzt und das Bauwerk genau ausgerichtet. Wichtig ist auf jeden Fall, daß Sie zum Eintreiben der Bohlen stets mit einem Schlagklotz arbeiten, denn sonst würde die Doppelfeder sofort zerstört werden.

3. + 4. Mit Erreichen der fünften Bohle wird es Zeit, die **Fenster** einzusetzen. Nachdem der Rahmen mit dem unverglasten Sprosseneinsatz genau lotrecht eingebaut und mit Stützen provisorisch festgesetzt ist, können auch

Arbeitsanleitung: Blockhaus-Bausatz

die Klappläden angeschraubt werden.

5. Während man die Blockbohlen aufsetzt, werden kleine **Dichtkissen** mit in die Eckverzahnung gelegt, denn sonst entstehen im Laufe der Zeit winzige Ritzen, durch die der Wind pfeift.

6. Die vorgefertigten Giebel werden aufgesetzt und ebenfalls in die Eckverzahnung getrieben. **Wichtig: Damit sich die Bohlen setzen können, müssen über einem Fenster mindestens 3,5 cm und über einer Tür 4 cm Luft**

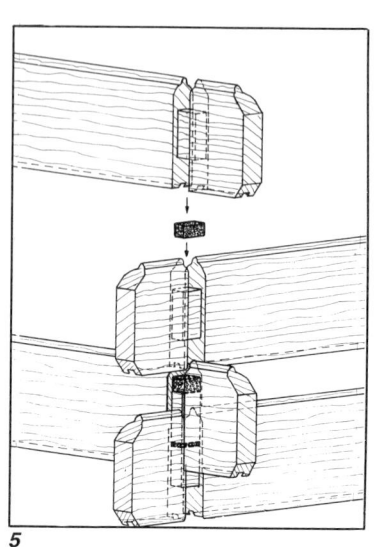

Arbeitsanleitung: Blockhaus-Bausatz

Arbeitsanleitung: Blockhaus-Bausatz

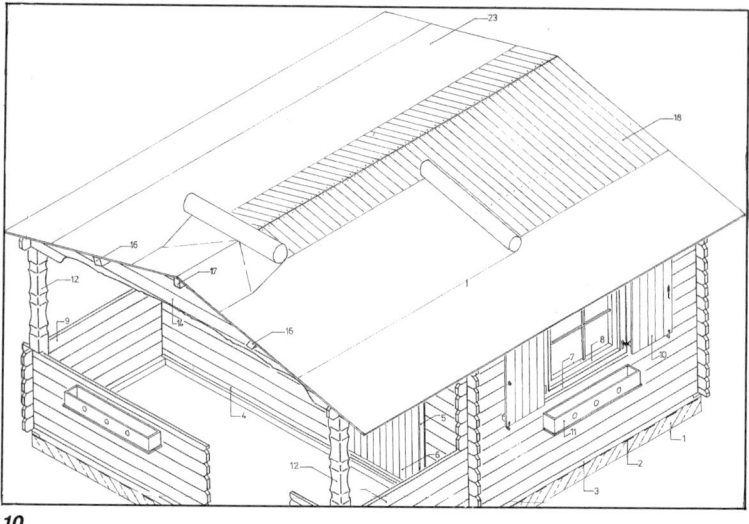

bleiben. Sind die Giebel eingepaßt, werden sie durch 2 Meter lange Montagehölzer, die man von innen gegensetzt, im Lot gehalten.

7. Die **Dachpfetten** sind so lang, daß sie von der Rückfront bis über die Veranda reichen. Man setzt sie in die vorbereiteten Aussparungen ein und nagelt sie an. Anschließend müssen Sie überprüfen, ob sich durch das Ansetzen der Giebel oder der Wände des Anbaus Unebenheiten an den Schrägen ergeben haben. Wenn ja, muß mit dem Hobel nachgearbeitet werden.

8. Letzte Arbeiten am Dach. Nachdem die Dachbretter aufgenagelt sind, können verzierte **Blenden** an den Giebel geschraubt werden.

9. + 10. Dann geht es ans richtige Ausmessen auf der Dachschalung, denn je nach Rollenbreite der Dachpappe ergibt sich eine mehr oder weniger große Überlappung (mindestens 10 cm). Abb. 10 verdeutlicht die Anordnung. Man beginnt unten an der Traufkante und legt die letzte Bahn am besten mittig über den First.

Bewachsenes Gartenhaus

Rundum Natur

Zum Schluß soll noch ein einfaches, voll in die Landschaft integriertes Haus vorgestellt werden.

1. Die Wände sind doppelschalig aus Nut- und Federbrettern gefertigt, wodurch eine effektive Dämmung der Hohlräume möglich wird. Die senkrecht verlegten Profile außen haben einen Holzschutzanstrich, während die waagerecht angebrachte Innenverkleidung unbehandelt bleibt.

2. Auf der Südseite ist ein verglaster Anbau (ca. 250 cm breit, 200 cm tief), der als Wintergarten genutzt werden kann. Im verglasten Dach befindet sich ein aufstellbares Glasfenster, um bei Bedarf Stauwärme entweichen zu lassen. Die Dachflächen des Hauses sind so ausgelegt, daß sie bepflanzt werden können. Zu diesem Zweck ist auch bereits die wurzelfeste Folie aufgelegt.

3.–5. Verschiedene Ansichten nach fertiger Dachbegrünung.

6. Die **Stromversorgung** ist über Sonnenenergie gesichert. Zu diesem Zweck befindet sich ein Feld von Sonnenkollektoren auf dem Dach, so daß es möglich wird, daß man nach dem Genießen der Abenddämmerung im Innern Licht machen kann.

1

2

Bewachsenes Gartenhaus

3

4

5

6

Compact Heimwerker-Infothek

Modernes Praxiswissen für erfolgreiches Heimwerken

**Compact Praxis
»do it yourself«**
Materialkunde, Grundkurse und Schritt-für-Schritt-Anleitungen von einfach bis perfekt. Jeder Band mit 120 S., über 300 Abb.,
nur 19,80 DM

Compact Heimwerkerbibliothek
Mit Profitechnik leicht gemacht. Alles über Materialien, Geräte und Grundtechniken. Jeder Band mit 64 S., über 100 Abb., Spiralbindung,
nur 9,95 DM

Compact Schnellkurs
Kleine und große Probleme schnell und perfekt beseitigt. Jeder Band mit 32 S., über 100 Abb.,
nur 6,95 DM

Fordern Sie den neuen Prospekt mit allen lieferbaren Titeln an:

Compact Verlag GmbH
Züricher Straße 29
8000 München 71
Tel.: 089/7591015
Fax: 089/756095

Abbildungsverzeichnis

Die nachstehend in alphabetischer Reihenfolge aufgeführten Firmen haben Bildmaterial zur Verfügung gestellt. Da die genannten Firmen damit zur Gestaltung dieses Buches beigetragen haben, möchte ich ihnen für diese freundliche Unterstützung danken.
Wenn Sie die Materialien dieser Firmen bei Ihrem Fachhändler oder Heimwerker-Markt nicht erhalten, können Sie sich auch direkt an sie wenden. Man wird Ihnen dann die Adressen der nächstgelegenen Vertriebslager und -stellen nennen.

Amdega Limited, Faverdale
Darlington Co, Durham
DL3 OPW, Großbritannien,
Tel.: 03 25 / 46 85 22

Arbeitsgemeinschaft Holz e. V.,
Füllenbachstr. 6,
4000 Düsseldorf 30,
Tel.: 02 11 / 43 46 35–6

BBU Rheinische Bimsbaustoff-Union,
Lindenstr. 3, 5452 Weißenthurm,
Tel.: 0 26 37 / 50 55

Lescha Maschinenfabrik GmbH & Co. KG,
Ulmer Str. 249–255,
8900 Augsburg
Tel.: 08 21 / 4 08 20–0

Lugato Chemie Dr. Büchtemann GmbH & Co.
Helbingstr. 60–62,
2000 Hamburg 70 (Wandsbek),
Tel.: 0 40 / 6 94 07–0

B + S Finnland Sauna,
Industriestr. 15, 4408 Dülmen,
Tel.: 0 25 94 / 30 16

Gaidt Blockhaus GmbH,
Dorstener Str. 464–468,
4630 Bochum-Hofstede,
Tel.: 02 34 / 5 37 26–28

Gardena Kress + Kastner GmbH,
Lichternseestr. 40,
7900 Ulm/Donau,
Tel.: 07 31 / 4 90–0

Kalksandstein Information GmbH + CO KG,
Entenfangweg 15,
3000 Hannover 21,
Tel.: 05 11 / 75 11 30

Küpa GmbH & Co. KG,
Kolberger Str. 18,
4790 Paderborn,
Tel.: 0 52 51 / 72 04-0

Normstahl-Werk, E. Döring GmbH,
Normstahlstr. 1–3,
8052 Moosburg,
Tel.: 0 87 61 / 6 83–0

Ostermann & Scheiwe GmbH & Co.,
Hafenweg 31,
4400 Münster,
Tel.: 02 51 / 6 92–0

Quick Mix Gruppe GmbH & Co. KG,
Mühleneschweg 6,
4500 Osnabrück,
Tel.: 05 41 / 6 01–01

re-Natur GmbH, Begrünung,
Postfach 60,
2355 Ruhwinkel,
Tel.: 0 43 23 / 60 01

Struve-Metall,
Postfach 20 42
5450 Neuwied 13

Unipor-Ziegel Marketing GmbH,
Aidenbachstr. 234,
8000 München 71,
Tel.: 0 89 / 7 97 08–1

Werth-Holz GmbH + Co. KG,
Therecker Weg 11,
5950 Finnentrop-Rönkhausen,
Tel.: 0 23 95 / 1 89–0

Ytong AG,
Hornstr. 3, 8000 München 40,
Tel.: 8 89 / 3 06 14–0

3 S Gartenhäuser,
Maschmühlenweg 93,
3400 Göttingen